U0918188

总部有多强大 门店就能走多远

IBMG国际商业管理集团◎著

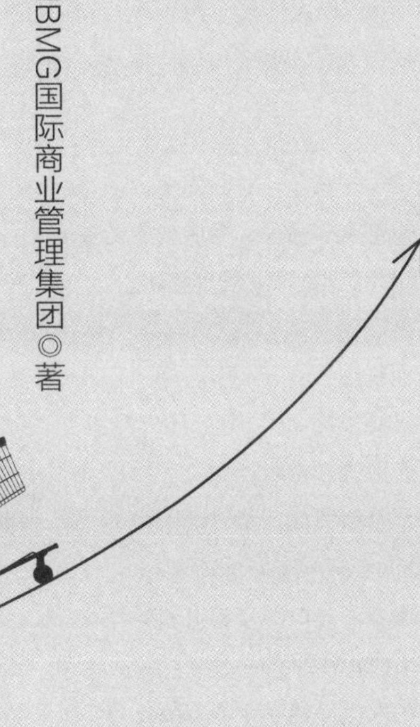

企业管理出版社
ENTERPRISE MANAGEMENT PUBLISHING HOUSE

图书在版编目（CIP）数据

总部有多强大，门店就能走多远/IBMG 国际商业管理集团著．—北京：企业管理出版社，2014.1

ISBN 978－7－5164－0612－0

Ⅰ.①总…　Ⅱ.①I…　Ⅲ.①零售企业－连锁经营－研究　Ⅳ.①F717.6

中国版本图书馆 CIP 数据核字（2013）第 276934 号

书　　名：总部有多强大，门店就能走多远

作　　者：IBMG 国际商业管理集团

选题策划：刘　刚

责任编辑：谢晓绚

书　　号：ISBN 978－7－5164－0612－0

出版发行：企业管理出版社

地　　址：北京市海淀区紫竹院南路 17 号　邮编：100048

网　　址：http：//www.emph.cn

电　　话：编辑部（010）68701638　发行部（010）68701816

电子信箱：qyglcbs@emph.cn

印　　刷：河北宝昌佳彩印刷有限公司

经　　销：新华书店

开　　本：710 毫米×1000 毫米　16 开　11.25 印张　107 千字

版　　次：2014 年 1 月第 1 版　2019 年 5 月第 2 次印刷

定　　价：45.00 元

博瑞森图书：企业视角　本土实践

亲爱的读者朋友：

也许您是博瑞森图书的老读者，也许是新朋友，欢迎您阅读博瑞森图书！

当今中国，各行各业都存在着转型升级的压力与机遇。博瑞森图书与您一同应对转型挑战并发现其带来的机遇。

我们一直在问：什么样的书能为您解决管理难题并带来启发？

我们一直在找：哪些作品最能帮助企业从跟随到领先？

我们一直在做：把最好的作品以最便捷的方式呈现给您，纸质版、电子版、听读版、书摘邮件、微信……

我们策划图书的原则是：

- 企业视角——与您一样，做水中的游泳者，而非岸上的观众或教练，企业的困惑就是我们的任务。
- 本土实践——与您一样，立足本土环境，追求卓越实践，传播最适合当下中国企业的管理之道。

我们希望您：把阅读各类经营管理类图书时的遗憾或收获，告诉我们（13611149991），我们将认真聆听。

如果有一天，您把博瑞森图书视为您优秀的事业伙伴、管理助手，我们也就实现了自己的梦想。

博瑞森图书

010－51900529

bookgood@126.com

编 委 会

自　序

中国商业联合会专家工作委员会副秘书长
中国零售业人力资源中心主任　曾令同

其实想写一本关于企业“总部建设”的书由来已久，无奈由于工作原因，迟迟没有时间停歇下来，静思下笔，此事也就搁置至今。回想起来，这个想法的成形已有十年。幸而近来走访很多知名企业，相关的事件再次引起了对这一话题的强烈思考，机缘巧合便有了后面的这些文字，同时这也了却我的一块心病……

经过十多年的发展，中国零售企业已经进入到了一个相对成熟的发展阶段，我们看到许多规模很大的零售企业，他们或是区域领军企业，或是全国性领军企业，这些企业之所以成功，与他们拥有一个强大的总部有很大的关系。事实上，很多学者在十年前就开始关注企业总部建设了。

而给我最大启发的是美国的连锁企业麦当劳和肯德基。这些企业与它们的总部远隔万水千山，但它们的运作标准和运作水平却好像一模一样，这一现象给了我很大的震动。我们不禁要问，是什么要素保证了这些企业上千家门店能够顺利运行？经过研究我们发现，这些企业的总部都异常强大，是总部强大、有力的支持，确保了它们的门店能够不断生长延伸，不会因为距离遥远而失去对其的管控。

总部职能是否清晰，部门间配合是否得力，协调能力是否强大，服务意识及服务能力是否到位，反应是否迅速，学习及创新能力是否强大等，都是衡量一个企业总部是否能够承担起核心动力作用的天平，一方失衡，满盘皆输。中国零售企业要想做大做强，必须要有强有力的总部保障。但如何建设强大的总部？国外及知名企业的哪些做法值得参考？这些正是本书要回答的问题。

众所周知，企业发展过程中不可避免地会发生这样、那样的问题，总部建设便是其中一类。在走访的很多企业之中，**关于总部方面出现的弊端仔细想来大致有以下几种情况：**①企业经营发展战略不清；②人岗不匹配或因人设岗情况严重；③总部架构及职能的设计没有经过充分地讨论和征询意见，总部架构和职能的调整过于随意；④总部架构、职能与实际运作“两张皮”现象严重；⑤总部对门店的需求反应缓慢；⑥总部人员素质参差不齐；⑦部门间扯皮现象严重；⑧总部管控能力不强等。

其实，这些问题的出现是一件好事。反思、内省、整理、建设，重新梳理起自己的体系，才能在第一时间将企业拉回正轨，从某种意义上来讲，我认为企业没有问题才是更加可怕的事情。

在不断地摸索总结过程中，我简要将成功建设总部的关键点归纳为六点：第一，企业要有非常清晰的发展战略；第二，总部职能认识明确；第三，人岗匹配，合适的人安排于合适的岗位；第四，总部建设实时根据环境的变化进行调整；第五，总部掌控拿捏有度，既要有力度又要避免霸权；第六，总部概念与时俱进。诚然，强大的总部并不是一蹴而就的，需要企业审时度势，在对的时间发挥最强大的正能量。

那么，总部建设的主导者如何来评定呢？一般来讲，企业人力资源部或总经办主要来承担这一重任。**需要强调的是，虽然上述这些部门很重要，但企业主要领导，特别是企业老板才是企业总部建设举足轻重的关键人物。**企业老板如何看待总部，企业文化是否健康优秀也在很大程度上决定了总部的功能和功效。

说到此，总部建设的分量显而易见，从某种意义上说，它的成效把控着整个企业的方向甚至是命运，这也是为何多年来我一直想要对其深入探讨的根源所在。

零售十年，有辉煌也有跌宕，有新兴也有没落，没有哪一家企业不想成为一棵常青树，那么总部的强大便是它枝繁叶茂的源泉。当有人问及你是否重视并调整你的总部时，希望你可以自豪地拍一拍胸脯，说一句："这是必需的！"。

2013 年 11 月 1 日

目录 Contents

第二章　高效总部的七大优势

第三章　不同业态的组织架构

第四章 总部建设的经验值分享

第五章 总部建设中的八大热点问题

附录：2012－2013 中国零售业人力资源蓝皮书

第一章

总部建设的大背景

第一章
总部建设的大背景

零售企业在规模比较小的时候，可能我们把注意点放在率点的发展上，当门店的规模发展到三四十家以上，如果你不重视总部的建设，你的管理和发展就会产生很大的问题。

第一节　为何建总部

（一）模式化的重点在零售企业总部

如今，整个零售行业发生了很多变化。所有变化，实际上都涉及到一个重点，即所谓的模式化问题。过去，人们对模式化的探讨频率并不高，但现在，这个问题的探讨频率越来越高。既然要探讨模式化，我们不得不提出一系列问题。

- 模式化由谁研究？
- 模式化由谁设计？
- 模式化由谁实施？

基于此，我们认为，模式化问题的重点只能放在连锁零售企业的总部。

（二）总部建设对门店发展起决定作用

“总部有多强大，门店就能走多远。”这是我们研究了大量跨国零售企业的多年发展经验得出的结果。

中国零售百强企业，如国美、百联、苏宁、华润等企业的现状，向我们传达了一个重要信息：目前，在中国零售版图上，没有一家覆盖全国市场的超市或百货企业。家电行业，国美、苏宁等企业已经把门店开到了全国各地；超市行业，我们熟悉的物美，在北京、上海、天津的门店也只是比较多而已。规模比较大的华润超市，也仅在华南、华东、华北、西北和东北地区有门店，但是在其他地区，还看不到华润的身影。

以上这些给我们传达了什么信号?

这说明，中国的超市行业如果想在全国开店，总部建设将是一个瓶颈，因为很多问题都出在总部。

（三）用合理的公司架构替代和支持企业家

在总部建设的过程中，第一把手能力的高低直接影响了总部是不是很强势。强势总部以及强势总部支撑下的门店扩张，是总部建设的重要驱动力。

此外，从长期来看，中国很多企业家，在成长过程中，都普遍面临一个重大的瓶颈，即他们的创业能力远远超过他们的守业能力。今天我们探讨总部建设，也希望在企业家能力提升的同时，或者在企业家能力有所不及的时候，能够通过创建一个非常完善的总部、用合理的公司架构，替代和支持企业家。

（四）要重视经营趋势和资本运作

研究连锁零售企业的总部建设，我们必须重视以下两方面内容。

首先，要了解零售行业的经营趋势。

现在，连锁零售企业不但要扩大规模，而且80%～90%的企业开始关注单店效益、毛利、利润、税后净收益等，大家越来越强调专业化、精细化，采购品类管理、商品品类管理就是精细化的具体表现。

其次，要重视资本运作。

近两年，中国零售行业将进行大洗牌，要重视资本运作。90%以上的企业通过收购、兼并的资本运作方式进行扩张，相当一部分企业通过香港创业板上市。强调人才开发、加大培训力度，也是近两年零售企业发展的主旋律。

（五）总部建设需要思考的问题

在这样的大背景下，实施总部建设，向企业提出了更高的要求。毫无疑问，总部建设需要总部做，绝不是门店做，门店不可能具备这个能力。但是，在组织架构搭建过程中，有些功能，总部是没办法完成的。

所以，我们应该思考：

- 如何搭建总部?
- 总部相关部门的职能，发生了哪些变化?
- 总部被赋予了哪些新职能?

只有弄清楚了这些问题，总部建设工作才能顺利进行。

第二节　何时建总部

（一）多大规模的企业适合建总部

企业规模大小不同，对组织架构的要求也不同。

零售企业小的时候，基本是营采合一，即营运部和采购部在一起。随着发展壮大，营运部和采购部就要分离。企业发展到一定程度，就必须要有营运部和督导部。

这里跟大家分享几组数据。

建立总部，会产生一定的费用。我们在做人力资源部署和公司配置的时候，首先想到的是，总部的费用需要由门店进行分摊。对于标超，只有当销售额超过 3000 万元，才可以考虑建立健全总部。如果是大卖场，就另当别论。

当销售额低于 3000 万元的时候，特别是对标超和微超，我们认为企业这时不应该建立总部。因为，如果此时建立总部，会在一定程度上加大企业的人工成本，加大企业的人工使用量。这个阶段，更多的是用一个单店，带领若干个小店。

（二）3000 万元到 1 亿元

企业的销售额在 3000 万元到 1 亿元，是我们建立总部最基本的标准。

此时的总部，有四个最基本的部门配置：一是采购部，二是营运部，三是财务部，四是人事行政部。

部分企业在这个阶段可能没有设置营运部，但是一定有采购部。营运部更多的时候是由总经理兼任。

（三）1亿元到5亿元

当企业的销售额在1亿元至5亿元的时候，总部的编制就应该非常丰满，这意味着我们在搭建总部组织架构和安排人员编制时，应该有充分的考虑。对于一个规范化的公司，总部必须要配置哪几个部门，每个部门正常的结构大概需要多少人员编制，都会有一定的规范。

为什么要将此阶段的销售额定在1亿元至5亿元，而不是1亿元到10亿元？

因为大部分企业销售额到了5亿元以后，往往会出现跨区发展的趋势。销售额达到5亿元，总部组织的完整结构会显现出来，各项组织功能基本发育健全。

我们的一个调查发现，在中国，基本上把销售额5亿元以下的企业看作是中型零售企业的上限，它们都属于中小零售企业的范畴。

（四）5亿元到10亿元

销售额在5亿元到10亿元的企业，其组织架构，包括对人员的要求将会发生质的变化，有很多部门是销售额在5亿元以下的企业所不具备的。比如说，监察部、联合促销委员会、招标投标委员会等。当涉及如何对工程进行监控，这种联合部门就会出现。这些部门的出现，会对企业人员编制、人工成本产生非常大的影响，对人员素质的要求也会提高。

我们在调查中发现，一个零售企业的营业额超过5亿元以后，原则上都会有总监这个岗位的编制。我们调查的销售额超过5亿元以上的零售企业，没有一个仅有总经理、副总岗位而不设总监岗位的。

第三节　值得零售业关注的新趋势

（一）总部管理系统升级换代

知名零售企业，如国美、苏宁，都在改善信息系统上下功夫。当企业还处于初级阶段的时候，管理系统升级换代听起来会让企业员工觉得不可思议。但是当你看到别的企业正在做这件事情的时候，你就要知道，这家企业已经开始注重总部建设、提高档次了。

在企业整体资源规划系统中，ERP 系统升级是企业发展到一定规模时必须要做的事情。此外，还要升级物流配送系统。物流配送中心建设是很多中国零售企业现在想做但又做不好的事情，而该环节的工作对总部建设很重要。

（二）收购兼并频发，开始走向行业集中

“连锁百强”中发生的主要并购案例包括：北京京客隆入主原首联集团、国美电器收购大中电器、武汉商联集团组建成立、家电连锁形成“美苏”争霸的格局、百思买收购五星剩余 25% 的股份等。但超市连锁行业中至今还没有出现一个全国性的超市“巨无霸”。

零售企业在对外拓展的过程中，肯定要进行收购兼并。关于收购兼并，越来越多的专家发出一个信号：若企业不具备这个能力，收购兼并

一定要特别小心，因为收购兼并的管理难度非常大。

（三）异地管理难

如果把总部的三个办公区域设置在不同的地方，每个办公区域相隔一两百米远，人和人之间的沟通就会出现问题。距离近，大家还可以“串串门”、互相沟通；距离远，很多人就有“能不去就尽量不去，能少去就尽量少去”的想法。沟通少了，问题就出现了。

在对先进零售企业的多年研究过程中，我们发现，**总部超过 80 人的时候，就是沟通开始出现问题的时候；门店数量超过 10 个、门店直线距离超过 50 公里，总部的管理问题就要提上议事日程。**

为什么是 50 公里，而不是 30 公里？因为如果超过 50 公里，每周去一次门店就不容易，当你一个月都不去一次门店的时候，这个门店就有可能出问题。

目前，在国内，特别是超市行业，异地开店的成功概率非常低。在广东，上海百联集团曾经有很多门店，如今却在“收缩”，大量的门店又集中到江浙一带。他们发现，不但供应链到不了各门店，而且总部的管理能力也达不到。

所以，我们应该思考：为什么麦当劳、肯德基等企业开连锁店而不是零售店？这类企业的总部都设在国外，距离远远超过 50 公里，却能把门店开到县级城市，为什么国内零售企业的两个门店的距离相隔很近，问题却很多呢？

500 公里是大多数国内企业的生死线，超过 1000 公里就是很大的考验。福建永辉超市现在把门店开到北京，空间距离近 2000 多公里。

因此，永辉将在中国零售史上写下特殊的一笔。

（四）多业态盲目扩张，导致企业竞争力下降

中国的中小企业多业态发展的案例比比皆是，多业态本身没有好坏之分，多业态发展有成功的企业，也有失败的企业。**不怕业态多，怕的是企业能做大规模，却不能做精细。**零售企业都知道，美特斯·邦威上市了。在美特斯·邦威为上市“一家欢乐”的时候，有两家企业在黯然落泪，这两家企业分别是PPG和VANCL。它们都属于轻公司，前者专门做服装，基本上没有下游生产商，依靠自己的营销渠道发展；后者也没有自己的门店，门店支出由上游供应商承担。同样是全新的模式，美特斯·邦威做得就非常好。

“做企业，不管概念多么新颖，最终细节决定成败。”概念可以新颖，但是操盘手段是传统的手段。本书探讨的是如何建设总部，扩张、多元化策略没有错，错在我们做事情没有找对方式、方法。

（五）新劳动合同法的影响及环保意识增强

新劳动合同法出台后，人工成本大概会增加0.3%～0.5%。超市行业，全国税后净收益平均值大概是1%～1.5%，如果人工成本增加0.3%～0.5%，就意味着超市行业将近一半的利润没有了。

在人员招聘方面，企业也面临着很多困难。比如，在北京招聘，经常会出现这种情况，已经约好了明天上午有10个人应聘、下午有5个人应聘，只要不打电话，保证有20%～30%的人不来。

另外，环保对我们的影响也非常大。现在，门店的排面陈列已经向

家乐福、沃尔玛学得差不多了，现在他们又开始注重节能减排。国家要求在两三年内，所有门店节能减排的标准降低20%，新店降低40%。早晚有一天，相关部门会出台文件，门店的环保必须达到标准，这就意味着，中小零售企业不重视环保就要关门。

未来几年，无线射频扫描系统也会得到推广，比环保、新劳动合同法对我们的考验更大。所以，零售企业一定要研究这些新事物。

第二章

高效总部的七大优势

第二章
高效总部的七大优势

总部与门店的关系，就像大脑中枢神经和身体各部分的关系，也像汽车发动机和汽车零部件的关系，或者像大厦的地基和整个楼体的关系。

建设高效总部，会给企业带来七大优势。

第一节　优势一：突破人才匮乏瓶颈

（一）零售企业人才匮乏

没有不缺人才的企业。即使人才充足，人才的能力提升也是一个很大的挑战。

一份中国零售人才需求调查报告显示，在连锁零售领域，采购、信息、物流等方面人才严重匮乏。整个中国零售行业，人才缺口达600万，而在这个缺口里，大专以上学历的人才只占3%。零售行业不仅仅是夫妻店，还是一个高科技的行业，不能只有卖货的概念。所以，这种人才结构和人才匮乏的程度，制约了零售行业的发展，而且人才缺乏的问题，在短时间内无法解决，这是众多零售行业共同面临的问题。

我们应该怎么做?

如果总部建设工作顺利，人才瓶颈的问题就可能得到缓解。

（二）麦当劳和肯德基的用人观

我们在研究连锁企业的过程中，重点跟踪三家跨国企业，一家企业是我们熟悉的沃尔玛，其他两家企业是餐饮行业的麦当劳和肯德基，我们希望从这三家企业身上，找到突破人才瓶颈的蛛丝马迹。

我们去探访麦当劳、肯德基的总部，发现只有总部才有学历高、资

历深、综合素质高的人才。而所有门店店长提升的过程，其实就是一个高中生的成长过程。高中生工作一两年以后，就会升职为值班店长，再由值班店长升职为店长。像这类重量级企业，在人才招聘的过程中，应聘者只要爱岗敬业，有一定的文化，谁都可以进企业工作。总部在美国，有一万多家门店的连锁企业，在很多员工从来没有见过企业 CEO 的情况下，依然能够稳定发展。而国内的零售企业，要求应聘者仅仅要有高学历，这种对比和差异值得我们深思。

在我住的商圈内，方圆 3 公里的范围内有 7 家肯德基、2 家麦当劳。我们做了抽样调查，在 7 家肯德基里，本科以上学历的店长只有 1 人，大多数员工都是中专和大专学历，大多数店长是在基础岗位上工作 2 ~3 年后升职为店长的。

（三）沃尔玛的人才观

过去，零售企业的人评论沃尔玛，往往会对沃尔玛的用人观提出质疑，认为沃尔玛的员工不实用、素质不高。实际上，他们忽略了一个很重要的问题，沃尔玛用人的时候，更注重培养人的技能，靠规模、模式、标准发展，不完全依靠人的素质，因为人的素质，绝不是一两年就能培养出来的。

许多企业的老板经常抱怨：“我们也想把企业做好，但是我们确实没有这么多高素质的人。”现在大家都知道，别说我们没有高素质的人，就连沃尔玛、家乐福这样的企业，也没有足够高素质的人。如果按照我们的思路往下推，肯德基、麦当劳根本不可能在中国这么快开连锁分店，因为它们也无法快速提高全体员工的素质。

（四）门店简化、标准化，解决人才瓶颈

门店越低端，对员工的素质要求就越高。肯德基、麦当劳给了我们启示，当总部特别强势的时候，门店的很多工作都被标准化了，换句话说，就是让门店的店长成为“机器人”。**当门店实现自动化或者标准化的时候，你会发现，员工招聘的问题就解决了。**

在美国，70 岁以上的老人都会开车，因为美国自动挡汽车的比例很高，大概是 95%，手动挡汽车比例很低。在中国，这个比例颠倒了。现在的数码相机很多都是傻瓜式的，单反相机一般是相对专业的摄影师才会使用，这就直接导致专业摄影师不好培养。**未来我们要解决人才瓶颈问题，首先要加强总部建设力度，总部强势了，门店就会简化、标准化。**

第二节　优势二：有效控制人工成本

（一）“一高一低”的人工成本模式

构建一个高效的零售企业总部，会给我们带来实实在在的效果，前面我们分析了如何突破人才匮乏的瓶颈，现在我们讲怎样有效控制人工成本。

通过总部建设，就可以实现一种非常好的“一高一低”的效果，即高总部、低门店。所谓高总部，就是总部的人员配置、总部的成本可以高；相应的，所谓的低门店，就是门店的人员配置和成本要尽可能降低。

大家知道，零售企业的精髓是要不断开店，门店开了 50 家、100 家以后，总部的人工成本再高，也无法与门店相比。总部最多也只是一个总部，而门店是无限制地向下开，所以从节约成本的方面来讲，关键是通过拉高总部的水平来降低门店的整体成本。

（二）总部和门店的人工成本

总部和门店的人工成本到底是怎样的？

标超门店的人工成本大约占到销售额的 3% ~3.5%，大卖场基本也是这个水平，便利店大约是 4% ~5%，甚至可以是 6%。而总部的人工成本占到销售额的比例大概是0.5%，原则上不应超过0.8%。**总部和门店合并报表之后，门店的3.5%再加上总部的0.5%，零售企业的人工总成本大约占销售额的4%。**

一般来说，中国的零售企业，包括超市和大卖场，平均商品毛利率大约是12%～13%，其中人工成本约为4%。如果人工成本高于这个比例就会很危险。有些成本是固定的，例如场租，绝对不能超过3%（家乐福可以超过3%，和其商业模式有关），一旦越界以后，亏损的概率将会上升到80%以上。所以，从成本角度考虑，门店成本降低是主要的，而不是总部成本。

（三）沃尔玛和家乐福的人工成本

在针对零售行业（包括外资企业）的调研过程中，我们发现，如果从店长角度讲，人工成本最高的是家乐福、欧尚这类企业。其中，家乐福的人工成本是最高的，比一般的外资企业高50%～60%，比中资企业高两倍甚至三倍。家乐福在高速发展后期，很多店长被民营企业挖墙脚，以至于只好从法国调来大批店长，人工成本大幅攀升。

如果对比家乐福和沃尔玛门店高管的薪资水平，我们会发现，家乐福门店高管的薪资水平明显高于沃尔玛30%以上，这与家乐福的运作模式有关，与店长的综合素质有关——家乐福的店长承担的职能更多，他们的综合素质水平很高。如果单店店长薪资高，开1000家门店，1000个店长的薪资水平都高出30%，而且不只店长的薪资高，中级管理人员特别是关键部门的人员的薪资也很高，否则薪资体系就无法保持平衡。这样的门店越多，对企业的成本压力越大。

在这种情况下，大家可以算一笔账，即使总部的人工成本提高3% ~4%，我们也能控制。因为从管理的跨度讲，管理总部更容易一些；但如果单个门店的人工成本提高一点，整体门店的人员成本就会增加很多，而且管理的难度也大很多。

第三节　优势三：有利于标准的制定及执行

（一）标准化程度越高，做事越简单

连锁餐饮企业要想降低成本、高速运转，核心是标准化，不实现标准化，注定死路一条。为什么中国餐饮行业的连锁店很难做？原因是无法复制，很多餐饮店的大师傅做菜好，但是大师傅的手艺没办法复制，二师傅做的菜就是不如大师傅做的菜好，其他员工的做菜水平就更差了。

为什么麦当劳、肯德基可以在海外开连锁店，因为它们将所有的产品都标准化了。麦当劳和肯德基收款台的高度各自都是统一的，地砖也是设计好的，炸薯条的时间也有统一规定，甚至要求汉堡包出炉 15 分钟后，必须扔到垃圾筒里。它们认为，汉堡出炉 15 分钟后，品质就会下降，虽然能吃，但会影响品牌形象。

北京有家日资企业，它的生鲜标准很高，甚至到了中国企业无法想象的地步。它的损耗很大，但是销售额非常高。当生鲜产品的保质期超过临界点的时候，就要坚决扔掉，这就是标准化。

标准化程度越高，就意味着我们做事越简单。比如，现在的数码相机，连小学生都会使用，如果零售企业也能标准化到这个地步，我们就会成功。

（二）人力资源的标准化

以人力资源的标准化为例。

笔者做人力资源管理工作的时候，经常问不同企业的门店店长："你们门店定岗定编的标准是什么？"

很多店长回答："这个很难说。"

这句话，笔者听过很多遍，什么叫"难说"，就是没标准。

店长说："3000 平方米和 5000 平方米的门店不一样，装修也不一样。"

笔者问："有没有标准？"

店长说："没有，这要看各个店长的感觉和行业的平均值。"

所有的门店都要定岗定编，定岗定编细化到什么程度、涉及哪些部门、整个门店的人员占比是多少、场次人员的比例是多少，甚至连管理和非管理层的比例是多少、收银员的比例是多少等，我们在定岗定编时，都应做明确的规定。

这就意味着，只要告诉我 4 个变量——这家门店的面积、预估销售额、联营的比例、是新店还是老店，我保证在 5 分钟内全部测算完毕，准确率在 95% 以上。这个标准是从哪里来的？是我们研究了 100 个零售企业以后，整理完同一个业态的统计数据后得出的结果。

如果有 100 个新店长，我会把这些标准加到定岗定编手册里，很多事情都标准化了，我们的成功概率就大了。

（三）没有总部，就没有标准化

标准需要总部来研究，没有总部谈标准化等于白说。

在零售企业运营过程中，很多企业也想做标准化，也想制订规章制度，有很多想做的事，但是，真正能做起来的却很少。第一是做起来感觉非常困难，第二是感觉工作中有很多做不到位，第三是谁去执行、谁去监督的问题。企业常常处在想做但是没有办法做的状态。

只有总部强大以后，才能有利于标准化的制定。制定标准之后，不是丢到抽屉里，还要靠总部监督执行。

第四节　优势四：有利于发挥信息系统的威力

（一）什么是信息系统

信息系统是什么，大家一定不要理解为就是从前台的收银机到后台的信息处理，信息系统只有在总部的层面才会使用得非常精准和完善。

举个小例子，比如要招聘一个工程部的采暖通风电工，很多企业在工程监理招聘管理网站上点击关键词就可以。如果某个人在这方面很有名气，想招聘这个人，点击他的名字即可。信息系统可以提高你的工作效率。

专家指出，未来零售企业的竞争是高科技的竞争，是信息系统的竞争。沃尔玛采用卫星系统传递数据、麦德龙采用无线射频扫描系统，加快收银速度、仓库管理自动化……为什么麦德龙使用无线射频扫描系统和其他高科技信息系统？因为没有这些工具就无法解决远在千里之外的门店的运作问题，没办法有效监控各个门店，数据也无法传递。而实施信息化管理，没有强大的总部也就无法办到。

信息化管理还有一方面的内容，就是我们所说的专业数据中心。北京物美正和一家知名的 ERP 系统供应商谈判。在中国连锁行业，物美经常敢于“出手”、敢于尝试。前几年，它搭建了第三方物流中心，引进海外团队入驻总部，这次又尝试使用ERP系统。大家都知道物美这两年的动作非常大，收购了北京美联美，在西北地区收购了一家购物中心，最大的一个动作就是收购了江苏时代。收购了这么多企业，物美怎么解决出现的相关问题？怎样监控这些企业？怎样整合这些企业？这就需要总部显示威力，否则，最终整合的结果就是“1 + 1 = 2”，而不是“1 + 1 = 3”，弄不好，整合结果是“1 + 1 < 2”。距离太远、文化不同、系统不同，管理风格和方式也不同，整合力度越大，倒台的速度就越快。

（二）乐天玛特和麦德龙的信息系统

在运用信息系统方面，乐天玛特值得我们学习。这家企业所有产品的销售、排面陈列、毛利，都是通过系统测算的。我们拿到的每天、每周或每月的统计报表，不仅是一个销售额，还包括每个单品的毛利销售额、毛利贡献率，这些数据都是靠系统计算出来的。国内的IT公司，几乎什么都能做，但这些企业没有利用信息系统的管理思想，如果有，我们就可以解决很多问题。

有人将无线射频扫描系统简称为“未来商店”，但不要认为IT信息系统只是大企业应该做的事，中小企业也要做IT信息系统。

2006年8月，笔者带领8个中小零售企业的老板到欧洲参观、考察。我们参观了德国的麦德龙、法国的家乐福在欧洲的门店，看它们怎样使用无线射频扫描系统。无线射频扫描系统就是在所有商品上贴上磁卡，购物篮或购物车上都有一个屏幕，所有的商品放到购物篮、购物车里以后，立刻就能显示有多少商品、价格是多少。消费者将购物车推到收银线上后，不用扫描商品，直接到收银员那里交钱即可。

这让正常的收银员的人数降低了 80%。降低 80% 意味着什么？在零售企业的超大卖场和门店里，收银员的占比一般为 15% ~18%，最高为 20%。这就意味着，收银员最后剩 5%，节约了 15% 的人工成本。

A 货架上的商品没有了，后台系统立刻就会显示出来，自动补货系统就会发挥作用。某个超市，仓库的商品少到一定量的时候，就会发出提醒信号，自动补货系统就会发挥作用。国外零售企业使用这个系统之后，缺、断货率由原来的 10% 下降到了 3%。缺、断货率每降低一个点，销售额就上升一个点，这是大家公认的。如果根据国内零售企业平均缺、断货率为 10% ~15% 计算，除了降低人工成本外，促进销售额提高也是使用新技术的好处。

第五节　优势五：有利于开展系统化的大培训

（一）培养人的能力有多高，企业就能走多远

对于零售企业未来的竞争，我们不认为是资金的竞争，而是“造人”能力的竞争。我们说过，总部有多强大，门店就能走多远。除此之外，还有一句话，**培养人的能力有多高，你的企业就能走多远。**

企业培养人的过程，是对人力资源部的巨大考验，该怎么做呢？

如果企业有总部，建议在人力资源部的建设上一定不要吝啬，人力资源部的人一定要多配置一点。我们的观点是这样，假设正常的编制是三个人，建议企业将胆子放大一点，放四个人甚至放五个人。为什么一方面讲人工成本控制，一方面又这么慷慨。因为在一些重要的布口，多加一两个人，会带来非常好的效益。先把人的数量搞上去，然后我们再提高质量。

为了解决人员招聘难、人员素质不高的问题，在总部建设过程中，我们提出一个观点，就是要在企业内部建立庞大、强势的培训系统。培养出一个好的教练员，即企业内部的培训师，就相当于培养了一批管理者。

（二）培训为何没效果

很多企业都发现，如果总部不能搭建整个培训体系，包括培训计划的制定、监督和检测，培训的效果就会大打折扣。企业经常会出现派很多人出去参加培训，回来之后却没有效果的现象。没有效果有三个重要原因。

第一，检讨培训与企业的需求是否“接轨”、是否吻合。

第二，参加培训的人是否仔细听课了。怎么能让他们仔细听课呢？既然企业花了这么多钱让员工参加培训，差旅费、误工费都搭上了，就要让参加培训的人听完以后做 PPT，还要向相关部门人员再培训。如果有这样的规定，笔者相信所有参加培训的人都不敢轻易开小差了，不会出现有人根本不参加培训，而是出去玩或逛街的情况。

第三，培训公司和培训老师的水平，决定了培训的效果。

（三）培训必须有强大的总部支持

近年来，现代零售行业开始浮出水面，零售行业确实有必要向其他行业看齐。

麦当劳、肯德基不必多说。安利的人员培训，成效比其他企业高出好几倍。安利如何将这么多学历不高，平常也不是很“敬业”的人，培训得对工作有极大的热情？见到顾客就抓住不放，一直到顾客购买产品为止？因为它的培训有魅力。零售企业总部应该向他们学习，把他们的某些经验拿过来为我所用，建立一个强大的总部培训部。

所以，完善的培训体系，只有在强大总部的支持下才能实现，单体门店是做不到的。

第六节　优势六：有利于塑造企业文化

企业做大时会面临一些问题，比如，“空降兵”进入企业。在我国，“空降兵”的死亡率大概在80%以上，人力资源部要研究“空降兵”的生存数，研究企业文化的统一塑造，研究企业自己的文化，研究怎样让自己的企业土壤吸引更多的人才。

福建永辉超市在重庆做得很好，后来到北京发展，在新环境里，文化要想融合，直接套用福建的方式可能会有问题。不仅要完善管理规章制度，更要提升企业的文化内涵，让企业的文化适应新环境，适应首都这种“皇城根文化”，总部要研究如何让自己的文化具有优越性。

另外，在内蒙古有一家企业，在公司成立初期就吸引了许多“空降兵”，这些“空降兵”来自不同的企业，有些还来自北京和上海这样的大城市。难能可贵的是，公司成立十年后，这些“空降兵”不但生存了下来，而且还活得很好。这说明这家企业的企业文化有其独到之处，老板的管理及理念有值得我们学习的地方。

第七节　优势七：资源的整合及专业优势的发挥

（一）总部是一个资源整合器

总部是干什么的？总部就是一个资源整合器。

一个强大的总部，除了制定标准、实行监督外，还有一个重大的功能，即如何整合企业各个部门和各种业态的资源。如果不整合，总部的很多功能就无法发挥作用。

北京物美就整合多项资源，包括四大业态人员内部调配、讲师和培训师互相调拨、办公设备统一采购、四大业态商品联采等。其中，办公设备统一采购，包括办公用品、采购体系的调配、信息系统内部的调配等。

有些企业在搭建总部的时候，特别注重精细化管理，但是忽略了部门之间协同作战，所以，总部就要有整合资源及发挥专业优势的有效手段。

（二）发挥专业优势

如果总部比较强大，所有新门店的很多资源在购买的过程中都能进行联合采购。在这里，资源的整合及专业优势的发挥是总部的一个优势。

笔者在一家企业做顾问的时候，发现了一个很有意思的现象：这家企业每次开新店的时候，都是一个区域市场的人组成开店小组指导开店。这种方式很落后，真正的好企业，应专门成立开店部，因为开店的人和维护门店的人的思维模式完全不同。开店的思维是，干活按月计算，做事采用倒计时；经营门店的思维是，稳扎稳打、步步为营。

如果每个门店都由不同区域市场的不同人员组成的小组指导工作，浪费的成本是无法计算的。所以，如何整合资源将是未来总部的一个很重要的探索方向。一个好的总部，能够用最少的人解决很多问题，用最少的资源，实现效益最大化。

总之，一个总部的合力，等于“系统 + 培训 + 各种资源的整合 + 专业部门的支持 + 统一的文化”。这个总部不是为了建总部而建总部，而是所有这些系统，在一个非常强的总部体制下都能得到充分的展开和发挥。只有这样做企业才能让门店开得更多、开得更远，才能取得连锁的、规模的效益。

第三章

不同业态的组织架构

第三章
不同业态的组织架构

零售企业有不同的业态，有不同的发展模式，因此组织架构方面有不同的组合。在本章我们重点介绍目前零售行业主要发展业态的总部组织架构，看看不同业态是如何影响组织架构的。

第一节　大卖场总部架构

在大卖场总部组织的架构中，一般至少会涉及如下这几个部门：营运部、采购部、防损部、拓展部、人力资源部、总经理办公室以及财务部等。一些比较好的企业，还在总部设有内部审计部、招商部等。总经理办公室有的时候还会设置工程部（见图3－1）。

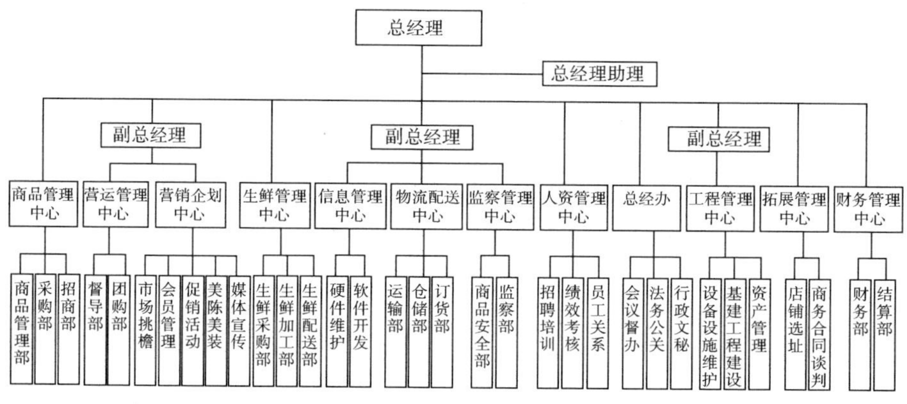

图3－1　大卖场总部架构图

（一）营运部

营运部的职能就是管理门店，它是门店的负责人和协调人。营运部的主要职责包括：

- 负责新店开业人力资源组织及开店的组织工作。
- 负责指导店铺营运工作。

- 监督店铺日常工作。
- 负责制定店铺销售预算的工作。
- 负责既有店铺工程人员管理，业务指导，资产管理、维护、新购审核等工作。
- 负责业绩不振店铺的调整及闭店工作。

（二）采购部（或称商品部）

采购部是任何一个零售企业都会有的，只要有总部，首先第一个设立的部门就是采购部。采购部的主要职能包括：

- 负责对区采购部的管理和业务指导工作。
- 从采购角度制定年度销售预算。
- 负责公司商品组织架构搭建。
- 负责供商（商品）的引进，评价审核，淘汰替换。
- 负责自有品牌商品研发。
- 负责 DM 促销海报（活动）策划及组织等工作。

（三）防损部

防损部的主要职责包括：

- 负责（区）店铺防损人员管理和相关业务指导工作。
- 负责新店防损体系的搭建工作。
- 负责公司及店铺防损工作指导。
- 负责人力、资产、商品等安全防范工作。
- 负责与消防、公安及城管等安全管理部门的沟通和协调工作。

（四）拓展部（或称发展部）

既然要做连锁零售，不可避免地要有一些扩展以此发展新店，要发展新店必须有拓展部或发展部。拓展部的主要职能包括：

- 负责寻找接洽新店店址，对新店进行市场调研并评估。
- 负责制定新店资产、设备和工程施工预算，对采买并进行验收等工作。

（五）人力资源部

过去，人力资源部经常归属于总经理办公室或者人力行政办公室。但是在这些年这些现象却有了非常显著的变化，越来越多的企业不但把人力资源部抬得很高，而且把培训部逐渐从人力资源部中剥离开来。这种现象说明，人力资源部的一些功能正在逐步地被放大。

人力资源部的主要职责包括：

- 负责对区和店铺人力资源人员管理并进行业务指导工作。
- 负责公司各部门及店铺群人力资源招聘和调配。
- 进行店铺绩效考核。
- 劳资管理。
- 负责劳动关系管理等工作。
- 负责劳动监察等相关部门的协调工作。

（六）总经办（或称综合管理办公室）

总经办相当于一锅“大杂烩”，其他专业部门没办法管或不适合管的它都要管。实际上公司所有的行政、文秘、法律、公关等都是由这个部门来进行协调。总经办的主要职能包括：

- 研究公司发展方向及国家有关政策法规。
- 处理和协调公司法律方面事务。
- 负责市场调查和开拓。
- 负责公司报纸的编辑和出版。
- 总经理接待事务并协调安排工作。
- 负责公司制度流程的编撰和完善。

（七）财务部

财务部是必不可少的部门，它最后关系到财务计算及把关工作。财务部的主要职能包括：

- 负责店铺财务人员业务指导和管理工作。
- 负责公司各部门（区）店铺财务监督和检查工作。
- 负责公司新店资金筹措和支付工作。
- 负责公司整体资金调度工作。
- 负责店铺年度费用预算审核工作。

（八）信息部

稍大一些的零售企业，如果没有信息部，那么这个企业肯定做不大，走不远。信息部的主要职能包括：

- 负责管理店铺信息人员并进行业务指导工作。
- 负责新店信息设备预算、采买和验收工作。

- 负责公司和店铺信息设备及软、硬件维护工作。
- 负责公司信息数据提取和分析，并提供报表。

（九）招商部

在企业发展到一定规模的时候，招商部就会出现。招商部很重要的工作就是负责卖场的联营区及一些商户的选定、规划、谈判及合同的续约。因为大卖场的盈利模式已经发生了重大变化，卖场的房租水平越来越高，仅靠我们 11% 的毛利或者 12% 的综合毛利已经难以为继。很多企业发现，如果能把外部的摊位搞好，获得的回报是非常好的，甚至能够产生一些综合效益。所以招商部做得好不好，往往成为很多大卖场重点关注的对象。

（十）企划部（或称市场部）

通过做调查我们发现，包括一些大中型零售企业，都知道要做促销，但是不少企业对企划部的使用效率并不是很高，事实上把企划部变成了海报部。企业领导对企划部是不是进行了正确的定位，是不是配备了合适的人是这个部门的关键。在一些比较好的公司，这个部门的功能、人员甚至会超过商品部。

（十一）审计部

审计部的主要职责包括：

- 负责管理驻店稽核人员并进行业务指导。
- 负责店铺日常工作稽核检查、监督和跟进工作。

- 负责公司资产管理监督、检查、稽核工作。
- 负责公司店铺群和物流中心商品盘点工作的监督、检查和稽核工作。
- 负责公司各部门和店铺群日常管理、财务审计、监督和稽核工作。

第二节　标超和便利店的总部架构

（一）标超、综超总部架构

下面让我们来了解一下标准超市、综超业态的总部组织架构。目前标超和综超是三线城市最多的一种业态形式，它的组织结构跟大卖场之间到底有哪些差异？

实际上，标超和综超在总部的组织架构上并没有质的差别，**其中最大的区别在于物流配送，即多了一个配送系统。**物流配送部门的主要职责包括：

- 负责配送中心管理协调工作。
- 负责商品续订、配送、退货和调换协调工作。

（二）微超＋便利店总部架构

微超、便利店的总部组织架构和大卖场相比，也是多了物流配送系统。对于微超、便利店企业而言，物流配送中心是一个非常重要的部门。**物流配送中心能不能高效运转直接决定着企业的发展态势。**

第三节　超市＋百货混合的总部架构

（一）商品部应分开

还有一种超市加百货混合业态的总部架构，也是一种比较重要的业态，目前发展速度非常快，而且大家比较看好。

我们经常发现很多企业一层以上全部是百货，一层以下，经常设置超市。在这种情况下，总部的组织架构会发生什么样的变化呢?

在调研的过程中，我们发现，超市的商品部和百货的商品部最好要分开。具体情况和这个企业的发展规模和销售额有直接关系。原则上讲，如果超市和百货这两个单体的销售额都达到1亿元以上，就建议分开。

（二）中外百货业态对比

中国的百货业态跟国外比，显得非常不成熟。百货联营成为了大趋势，百货的商品自营比例大概只占到10%～15%，联营的比例大概却占到80%～85%，有一些企业甚至更高一些。而欧洲百货业自营的比例可以达到70%～80%。为什么欧洲的百货公司愿意做自营？因为在欧洲，自营的比例越高，毛利也越高。采进一种商品，基本上都是买断的。采进的商品是10元钱，卖价可以卖到25元钱，它的进价和销价的比例是2～2.5，这么高的毛利差价使得欧洲百货业更愿意做自营。在中国，我们的百货做联营，很多是由于管理水平不到位，再加上我们的品牌还没有优势。

（三）实践经验分享

百货自营是一种发展趋势，但是从组织架构上来讲，百货业是要招商的，跟超市的商品管理结构是不太一样的。所以在组织架构方面，营、采这两个部门能分开尽量分开，进行专业化的管理。

因此，百货从某种程度来讲，就像一个招商部，它的运行模式跟超市的运行模式有很大的不同。为了精细化管理，对于达到一定规模的采用“超市+百货”结构的企业，我们在总部组织架构的时候，会比较倾向于把这两者剥离开来，进行单体考核，单体运行。

注意，这里说的是一个发展趋势，实践中并非说一定要成立两个部门。有些公司在一个商品部的组织架构下，把两个业态分成两个小组，即一个部门分为两个小组，还是由一个商品总监来控制，而不是单独成立两个部门。思路是一样的，还是把这超市和百货分开，效果上更有利于绩效考核，有利于资源的整合。

第四节　大卖场＋标超＋便利店的总部架构

还有一种“大卖场＋标超＋便利店”混合业态的总部架构。现在这种业态在我国零售企业中屡见不鲜，组合程度非常高，非常多元化。在这种情况下，如何搭建我们的组织架构呢？笔者现在跟大家分享在调研过程中发现的几种常见的总部架构方式。

（一）方式一

一般来讲，如果企业的这三种业态都处在初级阶段，甚至有更多的业态，并且全部都放在一个商品铺上进行采购，这是最初级的情况，在这里不做讨论。当企业迅速发展，规模越做越大的时候，就会把大卖场、标超、便利店分为三个不同的小部门，进行分别采购，但同属一个总监管理。这种组织架构是在一个大部门内，通常是采购部和营运部，向下分部门进行管理。

这里确实会存在争议。有人认为，连锁的精神是采购，联采的程度越高，肯定我们拿的折扣越高，价格越低。这个说法是绝对正确的，但问题是要如何解决专业化的问题？以便利店为例，它的商品组织结构和标超不一样，商品水平、促销等都是不一样的，不仅仅是简单的百分比下降的问题。刚开始如果门店不多、不大，粗放式管理完全可以。但是，现在是比谁做得细，在精细化上出效率。因此，企业便不得不分。

实际上，部门分开之后并不影响企业的共同采购。比如说，很多企业在采购的过程中，对这些大的、全国性的商品（“红线商品”、“全国联采商品”）全部由一个部门（例如大卖场的商品部）来进行采购。我们叫同采集部门，这部分商品大约占到30% ~40%，剩下的在各自部门来做。

除了商品部和营运部以外，财务部、信息部、人力资源部、扩展部，如果有工程的话，包括审计部等这些重要的管理部门，还依然是由统一的部门进行管理。只有这两个非常专业的部门，才进行专业化的分工管理。

（二）方式二

另一种组织方式是成立事业部或者分公司，即成立大卖场事业部、标超事业部、便利店事业部。如果企业的销售额超过2亿~3亿元，业态又是混合的，而且三种业态的比例比较平均，就需要考虑这种方式。

企业可分别成立三个事业部，每个事业部里设有营运部、采购部。营运部、采购部在一个副总经理管辖之下，协调营采。这种模式区别于方式一，方式一是由两位副总分别把关，而方式二是由一位副总统一进行管理。其他的职能部门，跟方式一基本相同。

事实上，这种方式所设立的还不能称作真正的事业部或分公司。如果企业的大卖场、标超、便利店发展到一定程度以后，除了营采，还要将财务、扩展、人力资源等功能全部归到这个部门下，各职能部门也跟着一起走，这时才能称为真正的事业部。这是目前我们所见到的拥有三种业态的零售企业的一种组织架构。

（三）实践经验分享

在搭建总部组织架构的时候，确实要经历一个不断变化、存在争议的过程。

例如北京一家非常大的企业，在销售额达到190亿元的时候，对于总部架构应该如何搭建的问题也在不断地摸索和总结。刚开始，企业按照总部的组织架构图去运作，将四大业态全都剥离开。但实际运作之后发现新的问题：采购部门人员编制大幅上升，营运系统中各方管理也出现了问题，导致联采的功能下降。于是，企业又把分为四种业态的商品部结合到一起，称为联合采购中心。

笔者认为诸如此类问题的出现，并不是划分本身有问题，而是运作的过程中出现了很多无法掌控的事情。企业认为当前的管理水平，只能采取这样的方式。分开运作，精细化管理仍然是发展趋势。

家乐福实际上也不止存在一种业态，他们创建了三种业态模式，也就是它的三个子公司：他们专门成立了一个公司做迪亚天天。还有一个公司专门做冠军超市，在中国做得不是很好，后来将其转手出让，但是冠军超市在欧洲做得非常优秀。最后还有大家常见的这种家乐福大卖场。

我们非常熟悉的沃尔玛也有三种业态；一种是会员店，一种是社区超市，此外还有购物中心。家乐福也是把这三种业态剥离开来，因为三种不同的业态各有各的组织结构、硬件模式。

精细化管理是必然之路，但这个过程中，我们经常会出现左右摇摆，甚至阶段性地偏移。笔者认为这不完全是因为结构问题，而是因为企业的管理水平还没有达到所需的水平，人员的综合素质水平也还没有达到标准，但是这是一个发展方向。现在很多三四线城市的企业已经开始尝试这条路，它是未来的发展趋势。

第五节　家电连锁的总部架构

（一）家电连锁的总部架构

对于超市，主要采用前文上述几类组织结构。但是，对于家电连锁企业而言，它们的总部组织结构到底是怎样的呢?

家电行业的总部组织活动，跟混合性大卖场80%以上都是相似的。它们最大的区别，不在于各部门的划分，而在于它的采购部（商品部）。对这些家电零售企业来讲，他们把家电中几个重要的类别全部分开，实现精细化操作。例如，在家电连锁企业的采购部里，划分了电子商务部、电脑部、OA部、彩电部、空调部、通讯部、小家电部、音响部、音像部等。其他大的组织架构跟我们所谓的综合性大卖场、混合业态没有质的差别。

（二）各类总部的对比

1997年外资零售企业进入中国之后，中国的连锁零售企业对总部的架构研究80%已经定型了。总部组织架构经过这几年的发展，大结构不会产生质的变化。

截止到目前，在中国已经落地的外资企业，以及国内已经进入零售10强的企业，我们在研究它们的总部组织结构时，会发现，上述提到的那几个部门都是肯定有的。这里最大的变化是什么呢？就是混合业态，特别是“标超＋百货中心”这种业态，商品部会有一个大的变化。如果是“标超＋便利店”这种方式，配送体系将会提到一个非常重要的高度；如果是家电行业，现在已经开始进行中分类管理，这还同样适用于类似的家居、建材连锁企业，例如百安居。

第四章

总部建设的经验值分享

我们针对 23 家零售样板企业进行了长时间的研究和调查，这 23 家企业的构成情况是：5 家年销售额 30 亿元以上的大企业，其中有 1 家年销售额 170 亿元的企业；15 家年销售额在 3 亿元以上、30 亿元以下的企业；3 家年销售额在 5000 万元以上、3 亿元以下的企业。

在这组调查数据中，我们没有重点考虑年销售额在 5000 万元以下的企业，因为年销售额低于 5000 万元的企业，很多标准值都是不准确和不规范的。

在本章节里，我们主要把总部和门店人员配置经验值的结果拿出来和大家进行分享。了解总部的人员编制是怎样的，定岗定编的基本原则是什么，门店人员的各种配比及其经验值到底是多少。

截止到目前，在我们所有的调查工作中，对门店的经验值获取比较容易，但总部的经验值获取非常困难。我们很难发现一家中资企业对总部有经验值，他们基本上各干各的，凭着感觉走。我们把所被调研企业的数据汇总以后在电脑上进行数据统计分析，找到经验值后反复地进行测试，现在终于也得到了总部的经验值，在这里跟大家进行分享。

第一节　总部的人员编制

（一）采购部

总部采购部的人员编制和销售额有一定的比例关系。为什么过去没有人专门研究总部人员编制，或者说研究得比较少？因为门店的采购人员编制和配置基本是恒定的，大概在1000万元~2000万元，甚至更多一些。但总部的情况极为复杂，有的企业总部是跨区域的，有的总部不跨区域，有的总部是在一个城市，有的总部是单店模式非常复杂。

举个例子，如果总部的销售额是5亿元，按照这个概念去计算，5亿元除以1800万元，这个企业总部的采购人员编制大概是25人。当总部的销售额达到5亿元以上，就会有采购人员的增长，不是按照所谓1000万元到2000万元的比例增长，而是按4000万元~5000万元这个比例进行人员配置。

之所以出现这种情况是因为我们现在进行的品类管理会对人员配置产生影响。总部前期进行品类谈判，在正常的品项、单品不变的情况下，后期很多销售额实际上是从门店产生的。现在品类管理很受企业重视，沃尔玛专门有一个品类经理。如果做品类管理，人数一下就会增加，最起码增加50%。上海一家企业总部大概有6亿元销售额，做中分类的采购管理分类比较细致，总部采购部人员配置有48人。这主要是因为进行了中品类的管理，如果只进行大品类管理，其人员会减少到27～30人左右。

我们调查北京物美，发现它是由不同的业态构成的。我们测算了一下，北京物美是大卖场和标超结构，在北京成立的联合采购中心，这个联合采购中心的年度采购额度大概是50亿元，部门人员的编制是120人。用刚才的经验值套算，5亿元以下应该配置25人，5亿元以上，如果按销售额每增加1亿元就会增加2～2.5个人来计算，120人是比较接近我们刚才的标准的。

浙江一家零售企业的销售额大概是6亿元，目前采购部门的编制是30个人，这是相对来说是比较正常的情况。另外还有一家企业现在的销售额大概是3亿元，同样达到了30多人的配置，因为这个企业已经进行了中分类，甚至个别部分进行小分类。

所以说，采购部人员编制的多少与品类管理有很大的关系。

（二）信息部

确定总部信息部人员编制，往往会考虑如下几个因素：第一，信息部的系统是不是很稳定；第二，信息系统是不是已经比较完备，基本不用进行二次开发。

有一些超市因为管理模式和需求不一样，经常会对软件公司提出一些很新的要求，比如，让软件公司开发源代码。甚至有些公司有专人根据自己企业的特点进行开发。如果不是这种情况，我们认为，一般销售额在1亿元以上的时候，或者1亿元左右的时候，根据经验信息部的人员编制经是3~4个人。

我们是按T形结构的概念进行推算的。例如，假设一个企业只有两到三家店的时候有一个基本配置：一个人是信息部经理或信息部主管；主管底下可能会有两个人员，一个管硬件，有一个管软件，维修、维护、培训都由他们来做。

如果企业的销售额做到1亿元~2亿元，随着开店数量的增加，就像T字形这个结构，信息部的人员也要相应增加。增加1~2个人的情况是很少见的，因为如果人员太少，很多针对门店的服务就会跟不上。特别是要开新店的情况下，每开一个新店，特别是这个店具有一定规模，信息部都会增加人员配置，即每开一家新店会增加1个人员编制，如果是大卖场，会增加2个人员编制。

（三）财务部

财务部跟信息部有些雷同，也是T形结构。财务部的基本人员包括：财务经理、预算主管、会计、税务会计等，类似这些在基本配置里都涉及。因为财务即除了管理门店，很多还要管理总部，在稍大一些的企业，甚至还有总收主管或总收会计。

一般小一些的企业，销售额在1亿元左右时，财务部的基本人员配置大概3~4个人，稍大一点的企业，大概有7~8个人员配置。

在这里影响财务部人员编制的一个最大因素就是结算会计。大家都知道，一般销售额在30亿~40亿元时，大部分企业和供应商核对账款、结算都是在总部进行，这里就有一个规律，即每增加4000万元~

5000 万元的销售额就会增加一个结算会计。4000 万元～5000 万元属于比较高效的企业，有些企业的财务系统不好、很多都是手工账，或者有些企业做两套账，都会对人员的编制产生影响，人员编制会相应增加一些。

另一方面，针对不同地方的税收政策不同，可能会在税务会计这方面有所增加。

（四）营运部

营运部恐怕是一个企业里相对来说管人最多，但自身编制人数比较少的一个部门。我们见过很多公司，销售额达到大概 2 亿元～3 亿元，甚至 4 亿元～5 亿元的时候，营运部的人有的甚至是光杆司令，或者底下最多带个秘书。

我们建议，如销售额超过 5 亿元，营运部除了总监以外，最好配 2 个人。这 2 个人，比如有防损的部门，就要设置防损经理、防损主管和督导经理，即有一个督导经理或者防损经理。督导经理这个职务一定要设置到采购总监下。

有些企业在做大规模以后，往往把防损部单独列出来，跟营运部平行。销售额至少在 10 亿元以上，我们才建议把防损部放在跟营运部平级的水平上。

因为企业处于中小规模的时候，防损主要做门店防损，是由营运总监来协调的。企业做大以后，营运总监本身也需要人进行监督，所以把防损部门单独拿出来。所以，企业在大部分情况下，基本上设置督导经理外加一位总监秘书，人数基本在 2～3 个人。

（五）企划部

销售额在 1 亿元以上 5 亿元以下时，我们建议将企划部放在采购部以下，目的是减少一个平行的一级部门，此时我们不建议企划部跟采购部平行。因为我们发现，有的时候企划部、采购部包括营运部越多，人工成本越高。

销售额在 5 亿元以上时，企划部可以考虑独立出来。无论是否独立，企划部的人员编制是 2 ~ 4 个人。具体的构成包括：部门负责人、策划主管或者 1 ~ 2 个美工人员。

这里还要考虑一点，企业总部的 CI、VI 这一部分是否由企划部来做，有些企业的 CI、VI 也放到企划部来做，如果是这样，可能会增加企划部的人员编制。也有些企业会把这个编制放到另一个部门，即成立一个总经理办公室。这也是 1 个人的编制，不会太多，甚至有时候这个编制可能企划部都能兼起来，使用 0.5 个人员的编制。

（六）配送中心

配送中心是目前在人员配置上最不成熟的一个部门。大家都知道，配送中心的主要功能无外乎收货、订货、进仓、出库、复检、防损保安、运输等。所以配送中心也基本上是由这几大部门构成的。

如果这个基本概念是成立的，我们可以算一算，一个年配送量在 1 亿元左右的公司，有一些经验可供我们参考：收货员 4 ~ 5 个人、录入员 2 ~ 3 个人、订单员 4 ~ 5 个人。我们发现，在收货这个概念上，一个配送中心非常像一个门店。它跟门店最大的差异就是门店不用有汽车再运送。所以配送中心的配置也可以用我们原来的概念。销售额和收货员的比例应该是 1100 万元~1200 万元左右。

仓库是什么样的建筑格局、格局是否合理会对人员配置产生一些微妙的影响。

还有一个很重要的概念，即配送中心系统设置的好坏直接决定库管人员的多少，这里有一个很重要的问题，就是为了降低损耗，降低盘点的错误率很多企业会特别重视防损。

这里还有一个影响人员的因素，就是车队运输人员。一般来讲，配送的半径大概是 50~100 公里。如果超出这个范围，我们认为配送人员设置 10~15 个人是正常的，大概一部车配 1.3~1.5 个人。但是有些公司不一样，有些公司司机本身就是装卸工，有些是单独配置的装卸工，在这里会有一个比较大的出入。

最后，有没有保安人员，或者有多少主要取决于配送中心所在的位置。如果在郊区建一个比较大的配送中心，是一个独立的大院，有一个大门出入，这个大门的保安人员是两个班轮岗，还有一个保安每天对大院进行巡检。如果是大门一个保安、巡检一个保安，最起码是一班两个人，两个班次，另外还有一个主管。

综上，配送中心的人员编制，核心取决于两点：第一，信息处理系统是否强大。很多仓库摆货摆到什么样的位置、每出一个商品的动态信息处理如何，明显会对配送中心的人员编制产生很大影响。第二，门店要货的时间和标准水平。如果是门店进行标准化操作，很明显配送中心的人员可以适当压缩编制。不是说门店随时想要就要，司机为什么配置多，因为计划编排不好，一会儿一个计划，很多车载了一半就得出去，这种因素会对配送中心产生影响。

（七）发展部或拓展部

很多企业，特别是快速成长型企业，都有一个部门叫发展部或者拓展部。一般来讲，销售额达到1亿元以上，如果每年新开2~3个门店，那么，拓展部需要1~2个人就够了。在很多企业，特别是中小零售企业，这个部门最大的负责人就是总经理，所以一到两个人是够用的。

北京物美在拓展方面确实在全国创造了一个比较好的思路，五年时间销售额从37亿元增长到190亿元，它是怎么拓展的呢？拓展部人员的编制并不多，整个人员编制也就七八个人。按销售额190亿元计算，编制无论如何也不会只有七八个人。原因是北京物美采取整编收购的方式进行拓展。北京物美在拓展的时候经常跟各区商委、连锁公司联系，看哪些能达到收购的条件，达到条件就研究能不能对这个连锁企业或公司进行收购兼并。这个思路从2000年就开始了，以至于大家此后看到北京物美一连串收购动作，包括收购北京美廉美、北京崇文门菜市场、通州的商业公司、北京超市发等。现在在北京地区，只有一家京客隆还没有被收购。这种以收购方式进行拓展的思路，陕西一家企业也已经悄悄地在进行了，它已经瞄准了两个企业，这两个企业大概有5~6家门店，目前经营业绩并不好，正在准备进行整编收购。

北京物美实际上是拓展了思路，一方面增加专门做资本运作和融资、熟悉公司收购兼并的人员，给他配置一个助手。同时，聘请一个顾问，在拓展的同时还把公司兼并过来。所以北京物美在财务上有个非常大的部门叫收购兼并小组，这是一个编制之外的部分专门帮助扩展部研究。这种整编收购的概念，会对一些快速发展的企业带来影响。

（八）招商部

很多企业规模还偏小的时候，不会涉及招商部。成立招商部有一个前提，即把原来散落到各个门店的零散的招商工作，全部拿到总部来做，由总部统一设置一个部门进行精细化管理。原则上讲，企业销售额在 3 亿元以上时，有这么几条经验可供招商部参考。

销售额在一亿元以上，1 亿元 ~3 亿元的时候，只要 1 ~2 个人就可以了。如果销售额在 10 亿元以内，招商部大概 3 个人就可以了。

（九）其他部门

1. 审计部

销售额在 5 亿元以上，一般会成立审计部和稽查部。销售额达到 5 亿元左右的时候，会把审计部放在财务部之内。如果销售额在 10 亿元以上，审计部会单列出来。审计部的编制也不会太多，就是 2 ~4 个人。

2. 副总经理

在什么情况下公司要设副总经理？基本的经验值是：销售额低于 2 亿元的时候，设立副总经理要慎重考虑。标超如果销售额在 2 亿元以上，建议可以考虑设置副总经理这个职务；大卖场销售额在 3 亿元 ~4 亿元时，建议可以考虑增设副总经理这个职务。这是根据一个领导的管理能力进行测算的。

上述情况中，往往营运、采购各有一个副总经理，或者是营采合一的副总经理，还有一个人力资源副总经理，还有的企业甚至有财务副总经理。一般来说，1～3 个副总经理已经足够了。

如果企业销售额超过 10 亿元，副总经理能够达到 3～4 个，甚至 3～5 个，基本所有重大的职能部门都有副总经理，这是对大家的一个经验提示。

3. 部门总监

一般来讲，销售额在多少要设总监而不是经理？标超在 1 亿元以上，大卖场在 2 亿元以上。这里所说的大卖场最少要有两个门店，如果是一个门店的时候没有必要设立，两个门店销售额在 2 亿元以上，每个店大概 1 亿元，这时候笔者建议可以设置总监。

那么，总监和经理的区别在哪儿，为什么一定要设总监？

当销售额在 1 亿元以上，标超包括大卖场在 2 亿元～3 亿元以上的时候，将会对管理人员的素质要求，特别是综合素质要求非常高。有这样一个规律，此时如果管理这样的总部、部门，没有高级经理是没办法管理的。高级经理从哪儿招？一是从企业内部培养；二是从相关的零售企业选拔、招聘。能管理这个水平的标超或者大卖场一定是高级经理和总监级的人物，如果你不设总监，经理这个职位吸引不了人才，所以这时候就会设总监这个职位，这也是我们所说的跟市场的接轨，为了人才引进设置了总监职位。

4. 总部人工成本

总部人员的人工成本大概应该控制在什么样的水平线上？现在测算的基本方式是总部人工成本跟公司的总销售额之间的比值，其经验值应该在0.3%～0.5%之间，这是一个比较常态的经验值。也有个别企业非常优秀，总部人工成本只占到0.25%。按照这个比例计算，如果门店的人工成本占比是3%～3.5%，加上总部的0.3%～0.5%，人员总成本应该不超过4%。合并报表之后，平均毛利如果是11%，总部人员加上门店人员总的人工成本在4%以内，我们认为都是一种比较合理的状态。很多企业做得比较好，两项相加只有3%。所以，我们正式在这里提出一个概念，即对总部人员编制也有一个核算的方式，一定要控制在这个0.3%～0.5%比例中，超过0.5%就应该引起反思。我们有的企业甚至达到0.1%，0.1%和0.5%往往都是在总部不健全的情况下出现的情况，而在总部健全的情况下人工成本大概是在0.3%～0.5%。

5. 便利店和便民店的区别

我们在做调查的时候发现有个概念被混淆了，一般人们把100～150平方米的店叫便利店，这是错误的。真正的便利店：第一，一定是24小时开店，比如7－11便利店；第二，真正的便利店大多都开在商务区；第三，便利店真正的毛利水平应该比较高，最起码超过25%，这才叫真正的便利店。

我们看到的很多店（比如迪亚天天的门店），应该叫便民店或者叫微超。第一，他们的营业时间是12～14个小时，个别是16个小时，而不是24小时；第二，他们的商品组织结构和真正便利店的商品组织结构差异非常大。真正的7－11便利店的商品基本上是2500种左右，和我们很多店的商品数量是一样的，商品组织结构也绝对相同。

24小时开店，人员编制可能是三班倒，跟我们的配置是不一样的。我们下一步还要重点研究便民超市的组织结构和人员编制。有一点，一般 100～150 平方米人工成本不应该超过 15%，超过就可能有问题。

我看过一些企业的人员编制，测算了一下，这里面确实有很多人工、排班的问题还不是很理想。便利店的人工成本是怎么控制的？就是以销售额做分母，人工成本做分子，这个比值如果不超过 4.5%，我们认为就是合理的。一般来说，国外的计算方式是，店越小人工成本相对占比越高。便利店是 4.2%～4.5%，大卖场控制在 3%，标超大概是 3.5%，这是一个经验值。我们就按照经验值配置便利店，基本就差不多，出入不会太大。

我们可以把总部加门店、配送中心的经验值做成一个表单，用这个表单作为企业人力资源的快速体检表。在这个经验值里很多涉及面积、销售额等不同的内容，从多个维度进行检测，命中率至少达到 85%。

第二节　门店的人员编制

（一）核心计算思路及分析

测定门店人员编制有几个重要的测算方式。

1. 人员和营业面积

首先，人员编制和门店的营业面积之间存在一定的函数关系。在正常情况下，在一个比较高效的企业里，一个人员编制平均管理 26～28 平方米，这是一个经验值。在做这个经验值评估的时候，需要把这个门店的联营租赁区撤掉，并且不包括厂方促销人员。我们在给类似便利店的微超做人员编制时，特别考虑这一点。门店越小，厂方促销人员相对越少。所以我们这个配置，完全是按照门店自己的人员进行计算的。

一家企业现在的面积是 3000 平方米，是一个典型的中型超市。这里没有联营、没有租赁。3000 平方米除以 28，得出的人员编制是 110～112 人员，这个人员编制基本上跟门面差不多相干了，这是一个重要数据。

2. 人员和总销售额

但是我们现在光靠一个数值还不够，我们还必须考虑第二个重要的数值，也是一个非常关键的数值，就是门店人员总数和销售额之间的函数关系。它们之间的经验值是，正常的人工成本应该控制在 3%～

3.5%。在一些新开门店，如果是在4%甚至略微超过一点，我们认为也是正常的。特别一些比较小的便利店，他的人工成本如果控制在4%～4.5%之间，我们认为都是正常的。但是，对于一些大家都知道的家居建材城，包括一些会员制企业的人员编制必须要低于3%，应该控制在2%～2.5%之间，因为这一种业态的企业，整个人员编制相对比较少，所以人工成本占比也会相应地降低。

3. 人员和月销售额

门店人员编制还有一个重要的测算方式，就是按照整个门店的月度销售额除以4万这个方式计算。同样用刚才例子，有一个3000平方米的门店，如果除以28，人员编制大概是110人。这个门店的日销售额是每天15万元，月就是450万元，除以4万，我们得出的一个人员编制是112.5人。对这家企业我们用两种不同的测算方式，得出的结果是基本相似的。

在不同的企业、不同的销售额、同样面积的情况下进行测算，我们发现一个特点，在国内，能达到4万元销售额的企业比较少，大概占10%。更多的企业是在2万左右。在同样人员编制的情况下，人均的毛效率就能反映出来。

简单总结一下，大家在计算门店人员编制的方式和方法上，有几个方面可以进行考虑：第一，28是一个重要的概念；第二，看人工成本占比是不是控制在3%～3.5%以内；第三，新开门店由于特殊原因，可以适当地高一点；第四，4万元的销售额是一个比较关键的数字。

4. 厂促人员的数量

此外，还有一点跟大家说明一下，很多企业在人员配置方面会大量的使用厂方促销人员。现在外资企业是不鼓励这样做的，在外资企业，门店工作人员和厂方促销人员的比例大概控制在1∶1的范围。但是很多中国企业非常喜欢用厂方促销人员，在做市场调查的过程中，我们发现门店工作人员和厂方促销人员的最高比例能达到1∶10，这个门店自有员工只有1人，而厂方促销人员多达10人。

以上所说的门店人员编制的计算方式，是在人员配置正常的前提下进行的。如果厂方促销人员用得多的时候，人员编制就会产生微妙的影响。有一种管理理念是不太鼓励大量的或者是不受限制地使用厂方促销人员，因为厂方促销人员多了以后，会增加门店的管理难度包括服务水平，这里有很多恶性竞争的问题。但是我们也确实发现一些企业正在用自己的实践证明，大量使用厂方促销人员依然做得非常好。

具体来说，首先，招聘这一关把握得非常好，在总部的结构上把总部人力资源部进行了扩充，所有门店的人员包括一线的理货员，全部由总部进行招聘；第二点，所有员工招聘进来以后，包括厂方促销人员一视同仁，全部进行标准化的培训。在培训的过程中实际上是没有任何区别的，招聘是一样的标准，培训也是一样的标准，在整个管理过程中，标准是一样的，这就解决了厂方促销人员水平不高的问题。尽管总部编制和人力资源部增加招聘专员、培训专员导致编制增加，但是由于厂方促销人员招聘的力度比较大，管理得比较好，厂方促销人员的比例大幅增加的同时，门店工作人员的编制大幅下降。

结果产生一个非常有趣的现象，即如果把厂方促销人员计算进来，公司整个门店的人员编制在一定程度上是超编的，厂方促销人员大概是门店工作人员的3~4倍，但是算到自己人工成本占比的时候却非常低。

我们在看到很多中资企业的人工成本占比和报表的时候，往往会立刻追问厂方促销人员是怎么招聘、面试、培训和管理的，这是一个很重要的过程。虽然外资企业不建议使用厂方促销人员，但是我们认为在中资企业可以阶段性地尝试使用。

5. 案例分享

有这样一件事情。2001 年北京物美某大卖场保安人员通过探头发现卖场内有一个盗窃团伙正在偷窃口香糖等物品，保安人员当场将小偷抓住，但场面却出现失控。保安人员把其中一人打伤，后来伤者被送往医院而不治身亡，北京物美某大卖场一次性付给死者亲属安抚金 15 万元作为赔偿。虽然我们建议使用高科技手段，但是高素质的保安人员也一定要配备，保安人员的编制应该控制在 15% 左右。

刚刚谈到门店人力资源配置的时候，讲到配置多少的问题，跟大家分享一个案例。

河北一家企业的门店是 400 平方米，标超，每个月的销售额大约是 20 万元，人员编制是 13 人，基本没有厂方促销人员。现在门店人手不够，店长要增加人，问题随之而来，应不应该再增加人？如果不增加人，门店工作效率比较低，而且人员流动性非常大，这个问题到底该怎么办？

这是个非常典型的案例，用刚才提到的一些知识进行测算，从人力资源的角度看看人员配置有什么问题。第一，人员配置不高；第二，月销售额大概20万元，如果按30天平均下来每天不到7000元。这样一看，很明显，400平方米的店面产生的销售额非常低。明确地说，目前的人员配置不能再减少，而是应该适当地增加。

问题的核心出在销售额上，400平方米的店面月销售额20万元太低了，一般一个200平方米的便利店一天产生1万元销售额都是很正常的。我们跟人事经理提出，人员的编制可以适当多一点，而且还有一点，就是培训、管理要跟上去。为什么要做这个工作？因为现在销售额不好，人员增加了以后人工成本占比会更大。

销售额不好，需要招聘、引进新人，但不能把所有的工作放到人力资源部的身上。销售额不好，也有其他部门的责任，比如营采部门。采购部采购的商品是不是有问题？营运各方面管理包括促销等其他方面是不是有问题？这里也要花时间去观察。一般来讲，在所有公司人力资源配置、人工成本占比绩效考核过程中，人力资源编制定岗定编一旦确定以后，真正起作用的不完全是定岗定编。

（二）收银人员

在门店的结构中，正常规模的门店肯定有收银、防损部门，稍微大一点的门店，还有收货、客服部门。除了一线的业务部门以外，在二线还有支持部门，这几个大的后线支持部门中，收银部是最大的一个部门。收银部门的经验值应该占到正常门店人员编制的15%～20%，或者我们说一个经验值，每一个收银台配1.3～1.5的人员编制。用这两个数值换算一下，基本八九不离十。

如果我们厂方促销人员太多会影响门店人员的编制，1.3～1.5 的人员编制最大的好处在于用这个办法可以更清晰地计算收银员的编制。当然，1.3～1.5 的人员编制已经包含了收银员倒班的情况。高于 1.5 这个数值时大家就要考虑，收银员是不是工作效率不理想。

（三）防损人员

防损人员编制的经验占比原则上不应该超过正负 15%。这里要特别注意一点，一定要正常进行编制。为什么一直反复强调这一点？因为在有些企业，促销人员达到 1.5 的情况下这个编制会扭曲。

假设按照前面的例子，一个 3000 平方米的店，如果人员编制是 112 或者是 110 的话，110 乘以 15% 才能得出防损部门的人员编制。这个编制的多少受以下几个因素的影响：第一，门店的建筑结构，比如门的多少；第二，门店整个管理水平的高低；第三，门店偷盗、治安情况如何。这些因素都会对防损产生重要的影响。

比如，我们参观上海家乐福浦北店的时候。因为浦北店地处上海典型的富人区，我们看到防损人员的数量明显要比别的店少得多。原因是，在这个社区人员素质普遍较高，所以在这家门店基本使用的是探头和其他监控设备。我们测算了一下，该店防损人员的占比大概只有 10%～11%。

1998 年，我们到香港一些比较好的零售企业去考察，发现他们防损人员的比例只占 2%～3%，当时非常惊讶。后来才发现，这些门店 90% 都使用高科技的手段，所有重点的探头包括一些重要的监控设备一应俱全，非常先进。再加上香港地区整个社会治安包括人员素质都比较好，因此防损人员只占 2% ~3% 。

所以，现在国内防损业经常探讨这样一个问题，中国的零售企业由于社会治安不好、对某些高科技的运用不是很理想，造成防损部门人员十分庞大，国外的企业到中国后对此感到不可思议。

还有一个问题是，是不是我们增加了探头包括高清监控设备就能起到作用？回答是否定的。在国内有些企业曾尝试过，引进了大量的探头和监控设备，但后来证明这个设备使用之后效果并不好。虽然有很多监控设备，但是小偷照偷不误。现在很多企业都不敢这样做，甚至有些人明明偷了，但是没有被抓到现行，因此不承认，而且还涉及很多法律的问题。

（四）收货人员

一般在比较大的门店，比如说面积在 3000 平方米以上的门店，会专门设置一个出货部门，稍小一点的门店往往会放在楼面上去做。稍大一点的、有收货部部门的门店有这样一个特点：收货部门人员的多少跟销售额有很大的关系。

这个很容易理解，销售额越大，肯定收货的量就越大，人员编制也越多，这个关系是成立的。收货部包括录入人员、卸货人员还有其他一些相关人员。通过对很多企业的追踪，我们发现，一年的销售额平摊到一个收货部，人均约 1100 万元 ~ 1200 万元。收货部门人员和门店总的人员编制比重大约占 4% ~5% 。这两个经验值大家都可以参考一下。

它们之间的逻辑关是，销售额越大，门店的收货人员编制相对越多。门店人员编制越多，各个部门的人员编制也会增多，这是基本的道理。

（五）管理人员和非管理人员

在一个正常的人员编制下，门店管理人员和非管理人员之间的占比应该是多少？所谓管理人员，就是指主管、经理、处长甚至一些科长级别以上的人员。经过我们测算，管理人员的比值应该占到总人员编制的15%，大概75%以上的中大型企业，包括一些中小型企业基本都是在15%上下波动。

很明显，超出20%绝对是不正常的，低于8%比例就偏低了，意味着管理层太少。这并不是说管理层越少越好，管理层毕竟具备管理的功能和协调的功能。这个15%的概念，几经考验，基本上已经形成一种共识。

（六）业务人员和二线人员

就一个标超来说，所谓业务部门指的就是食品、非食品，生鲜部门的人员。业务人员数和所谓二线部门人员数的比大概是40∶60或者是45∶55，这是一种常态的比值。在这里要跟大家强调的是，这个比值是在常态标准下测算的，很多零售企业，特别是中小零售企业是不做生鲜的，甚至有些企业连食品都不做，是联营的。在这种情况下，这个比值就不起作用了。例如，北京国贸商城有很多部门，经过建改以后只剩一个滑冰场是自己经营的，其他全部出租。这种极端的例子不能拿到我们这里来进行测算，我们研究的都是常态情况。

我们现在的比值适用于食品、非食品、生鲜这几项都齐全的情况下，如果任何一项出现短缺，后面那个数值都会增加，可能就不只是55了，或者更高一些。

（七）保洁人员

保洁人员有两种情况，在一二线城市一些比较大的企业，保洁工作很多是外包出去的，也有一部分是自己来做。经过测算，保洁人员的占比是4%~5%，这个比值跟楼面的面积有关系。

（八）财务人员

测算门店财务人员的编制有一个大前提：如果是总部集中型的企业，财务部门所有的结算都在总部进行，门店原则上讲没有真正的财务人员。一般来讲，如果门店大些（例如3000平方米以上），可能会有一名出纳，小的门店相关的财务工作都由门店行政人员代替。

（九）信息人员

信息人员负责超市相关信息录入等事宜，一般来讲，人员配置是按门店规模进行的。原则上小店是1个人，或者是专职，或者是兼任，比如说店长秘书或者收货有1个人兼任。大店是2个人。

（十）客服人员

所谓客服，范围包含前台的信息、寄包柜、团购和替换货等。这些人员设置多少跟以下两个方面有关系。第一，与寄包柜是自动的还是人工的有关系，很明显，如果是自动的，人少一些；第二，和销售额有很大的关系，经过测算，客服人员基本上占人员总编制的4% ~5%，销售额越大，肯定退换货、团购和人员的接待情况就会较多。销售额小的时候，肯定也会适当地缩减客服人员。

与收货部门一样，一个客服人员的编制大概一年平均到销售额，一个人平均是在1100万~1200万元，个别甚至能到1300万元。这些我们认为都是比较正常的。

（十一）维修人员

对稍微大一些的门店来说，门店的维修人员主要指日常维修，比如管理电工、空调、冷暖的人员。一般来说，5000平方米以下的门店配备1~2个人，5000平方米以上的门店配备2~3个人不等。在有些小城市会把这些人员编制适当压缩，放到总部维修部去。

（十二）行政人员

在门店不大的情况下，有些公司是没有人事行政部这个概念的。比如说有些企业总部非常强大，所有门店人员招聘都在总部进行，门店实际上是没有人事行政部的，最多有个店长秘书履行相关职责。

在正常情况下，如果门店有人事行政部，一般设置1~2个人做人事行政工作。门店面积在5000平方米以上的大一点的卖场，一般设置2~3人就可以了。行政要管理很多工作，比如员工用餐、工服、人员管理等，规模大了必须有这么一个编制。

第五章

总部建设中的八大热点问题

在总部建设过程中，很多问题的答案并非是唯一确定的。中国市场非常大，每个企业都有不同的实践方式和方法，仁者见仁，智者见智。很多外资企业都不得不根据中国市场的特殊情况进行个性化管理。

下面我们将重点分析零售企业总部建设中常见的热点问题，通过对这些问题的探讨，给企业提供多种学习和借鉴的运作模式，从而便于企业思考，看哪种运作模式更适合自身企业的发展，哪种运作模式更具有生命力？

第一节　热点一：强总部和弱总部的争鸣

（一）强总部和弱总部的差异

自从家乐福、沃尔玛进入中国大陆以后，零售企业的总部和门店管理就形成了两个流派。这两家企业的模式也简单，一家企业是强总部，一家企业是弱总部。沃尔玛代表强总部，家乐福代表弱总部。

沃尔玛为什么要做强总部？告诉大家一个重要的事实，当企业的门店特别多的时候，企业就不得不做强总部，因为门店离总部很远。离总部越远，企业的管理力度就越弱，特别是异地的门店，总部不可能管得那么细。门店越远就越难管，越难管就越要依靠强势的总部。

企业在过去走过很多弯路，很多中小企业在培养店长时，发现了一个没办法解决的重要问题。一个大卖场，培养一个合格的店长需要 5 ~ 6 年，家乐福培养一个非常优秀的店长需要 6 ~ 7 年。试问，5 ~ 6 年才能培养一个店长，企业有足够的精力吗？

培养一个“标超”的店长，需要 3 ~ 5 年，这么长的培养期，跟不上企业的发展速度，肯定不可行。因此，家乐福、沃尔玛、肯德基、麦当劳发现这个问题以后，都采取不断简化、弱化门店的管理方式。

门店要保证准时、足额的续订货、补货，确保不缺货，为了实现这个目标，有些企业不断引进门店的自动补货系统。过去，门店的店长还做“地采”工作，有些店长要兼做现场促销工作，甚至还有一些店长需要做排面陈列工作。这些工作，店长做得越多，对店长的要求就越高；要求越高，出错率就越高。

家乐福的店长、副店长包括处长级别以上的人员，是所有外资企业里出错率最高的，原因就是店长权力太大，总部没有制约制度。沃尔玛在强调建设强势总部的同时，也适当向门店下放了某些权力。

所以，从这个角度讲，**未来企业的门店超过100家以后，所有的门店都要向总部靠拢**。告诉大家一个打不破的真理，企业在不断成长的过程中，总部对门店的掌控力度将会越来越大，门店管理将会越来越简单。

（二）沃尔玛后来者居上

我们曾经探讨过沃尔玛、家乐福的很多模式，而这些模式可汇总为两大流派。大家经常说：沃尔玛非常好，它在美国排名第一，沃尔玛总部标准化工作做得非常好，而且管理非常到位、规范，而家乐福是以创新和门店自主经营为长项的。然而，沃尔玛进入中国后，这么多年来，给人的最初印象好像是它的发展势头和冲劲都不如家乐福，而现在这种状态已经发生了很大的变化。

家乐福和沃尔玛在发展过程中，有一个重要的前提不同，即它们的运作模式不同。沃尔玛基本上是遵章守纪的“良民”，不打擦边球，并以此为豪，但是最初它的发展势头远远落后于家乐福，在效益方面也落后于家乐福。但近年来，沃尔玛却呈现出后来者居上的趋势：沃尔玛有一个大动作，就是频繁接触台资企业。比如，好又多公司目前在全国有100多家连锁店，直营店大概有30～40家。如果沃尔玛收购好又多，就意味着沃尔玛门店数量在一夜之间超过了家乐福的门店。

（三）沃尔玛收购好又多

我们不仅要关注沃尔玛在做什么，还要关注这种模式到底有多大的生命力。

当时为什么沃尔玛收购好又多的这个动作迟迟没做？猎物已经摆到眼前了，却迟迟不吞下去，核心问题是什么？

好又多上半身看起来特别肥、下半身特别瘦。上半身肥，是因为它大概有30多家直营店，股权结构非常简单，而且管理、盈利等方面做得也很好。但是它的下半身非常瘦，核心问题是股权分散、结构复杂，需要整合，难度很大。沃尔玛也担心，一旦吞下猎物，卡在嗓子里吞不下吐不出就麻烦了。所以，两者需要达成一个共识，沃尔玛先收购30多家直营店，至于非直营店，待好又多整改合格一批，收购一批。

好又多的选址与沃尔玛有很大的差异，或者说有很强的互补性。这与当时大中电器和永乐电器合并的事件不同。大中电器和永乐电器经常门店挨门店，如果它们合并，就意味着两个门店必须关掉一个。好又多和沃尔玛的合作模式，就不会出现这种情况。所以，沃尔玛在扩展期，完全有可能超过家乐福。

业内正在研究沃尔玛和家乐福的两种总部模式。大家都知道，沃尔玛最强项就是物流配送。但是，它的物流配送还是亏损，很重要的原因就是它的店铺数量不足。如果这个问题解决了，它的效益就能够充分地显示出来，这种规模效益，就会显示出巨大的威力。

第二节　热点二：从采购部到商品部

（一）从打价格战到品类管理

现在的采购部，以后可能会改名为总部商品管理部。因为采购部正由过去单纯地注重采购，向注重品类管理的方向转变。

目前，零售行业有一个普遍现象值得我们关注，即商品同质化现象非常严重。无论是超市还是百货店，当商品同质化现象特别严重的时候，谁的价格低，谁就有可能取胜。但是当价格低到一定程度的时候，你会发现，企业已经没办法再降价了。当企业没办法再降价时，如果竞争对手在品类管理上比我们做得好，我们就已经落后了。

品类管理就是要注重细节。具体表现在，我的商品组织结构比你的商品组织结构合理，我的商品就比你的商品更有竞争力。在这里，有一个例子，说明什么是品类化。

凡是常坐飞机的人都有这样一种感觉：一到机场就会看到书店，在书店里你会发现书的单品种类也就 1000 种左右，但是滞销品只有 10%～20%，大部分商品选得都非常好。机场书店目标受众针对商务客人，知道他们喜欢看的是什么，因此书店里基本都是管理类、经济类、励志类以及生活类的读物，其他的种类很少。每一个排面就一本书，要让一本书产生巨大的效应。这就是机场里很多书店做的品类管理，研究怎么在一个最小的单元内产生最大的效应。

基本上所有规模比较大的企业，都已经开始进行品类管理，品类管理已经成了未来企业提高效率的一个很重要的环节。

和品类管理密切相关的是商品谈判的能力。商品谈判能力是我们最在行的技术。在发展的初期，商品部进行商品引进和谈判，这是不争的事实，也是最基本的功能，这是在设立组织结构，特别是在部门职责描述的时候规定的。

（二）商品部参与库存管理

过去，我们的企业都是对门店或是营运部的库存进行管理，现在这方面的功能依然存在，只不过商品部对库存管理开始加大监管力度。

库存管理应该是门店的事，但是总部采购部为什么要关注？实际上门店库存管理得好不好，跟供应商水平高低有直接的关系。所以，总部采购部对库存管理要施加影响。

库存管理反映的另一个重要问题是缺、断货。每一家企业在研究缺断货的时候，采购也要参与到这个管理过程中。所以库存管理将会是采购部的另一个重要功能。

（三）自有品牌的开发

现在看起来，自有品牌与中小企业基本上没什么关系，但是当企业走到某一个阶段的时候，自有品牌就会浮现出来。现在的中小企业有一种变相的自有品牌。

陕西汉中有一家企业，销售额才2亿~3亿元，企业不敢做品类管理特别是做自有品牌，但是它做另一种自有品牌的概念。当地大部分企业在采购的过程中，基本上都是从西安进货，从西安供应商那里进的商品基本上大同小异。但是这家企业从西安进货的比例很低，大部分是从四川进货，虽然距离略微远了一点，但是从四川进的很多货和西安进的很多货是不一样的，**虽然不是贴牌生产出来的，但只要货品不一样，就可以理解为自有品牌。**

上述这家企业很聪明，把自有品牌的概念加以诠释以后，加入了自己的理解做出了自有品牌。所以，从四川进来的很多商品，其毛利水平普遍要高于同类商品的竞争对手，这就是它所理解的中小企业的自有品牌。

（四）标准排名设计管理

在很多中大型超市，特别是比较规范的超市，在做精细化管理以及标准化的时候，都在商品部里面设置一个“标准排面设计”岗位，这个岗位就是对所有新开的门店，以及现有门店的整合，进行标准化的管理设计。这个范围的职务现在还有很多中小企业都是各个门店的店长在做，未来的发展趋势是标准排面设计全部都由总部、采购部来做，门店会参与这个过程，但是这个标准化的过程，肯定是由采购部统一来做，这是未来采购部门的功能。

标准化的过程非常重要。现在很多公司都把这个岗位放到商品部，但是也确实有一些外资公司把它们专门放到另一个部门——项目部。为什么要放到项目部而不是商品部？原因是，他们认为，排面管理是为了对商品部进行监控和评估。这个说法是否正确还有待进一步的分析。但是毫无疑问，标准化排面设计这个岗位，已经不是要不要的问题，而是很多企业已经开始采用了。

在这里，我们对商品部做一个小结。商品部在一段时间内是我们总部五大部门建设的首要的部门，是针对商品怎样实现差异化、商品组织结构怎样更合理、排面怎样更好、商品毛利怎样更高等问题设立的。

第三节　热点三：招商部越来越重要

（一）招商部的基本工作内容

在企业发展的初期，门店少的时候可能还不需要招商部，但是当企业发展到一定规模，招商部就会出现。对于超市行业，很多企业商场面积稍大点便会这样联营，**招商部的工作就是卖场联营区的商户选定、规划、谈判及负责合同签约、续约。**

（二）招商部为什么很重要

为什么招商部这么重要？因为大卖场的盈利模式已经发生了重大的变化，这个重大变化的体现之一，就是卖场联营。因为卖场的房租水平越来越高，光靠 11% 的毛利或者 12% 的综合毛利已经难以为继。很多企业发现，如果能把联营部分的摊位搞好，获得的回报是非常高的，甚至能够产生一些其他的综合效益。所以招商部往往成为很多大卖场重点关注的对象。

在店小、没到一定规模的时候，基本是由店长来进行招租。如果在外部收银区增大的情况下，还让店长进行招商就会弊大于利。通过对很多企业的调查发现，如果销售额达到 2 亿元以上，很多单店收银区的面积累计超过 5000 平方米以上，在总部就应成立招商部。有了一个很好的、专业的招商部以后，就能将所有的招商资源进行统一筹划，统一使用。

在门店的层面，所有现场的、具体的管理都可以由营运部配合，但是未来供应商引进、价格的谈判、合同的签订、绩效考核等类似事务需统一归到总部的招商部管理。这种管理模式要远远好于各个单店的具体管理。

第四节　热点四：配送中心

（一）配送中心什么时候做

什么样的企业适合做配送中心？

原则上讲，店越小越要做配送中心，最晚做配送中心的就是大卖场。大部分的中小型企业在某一个阶段会出现对配送中心的需求，由开始的内部大仓，逐渐做外仓，再到设置物流配送中心。

做物流配送中心，从门店讲，没有一个严格的标准。**我们观察国内的企业，以门店数量作为指标，“标超”5 个以上就要建配送中心，便民店 20 个以上就要开始做配送中心。**

（二）配送中心应该归属于哪个部门

物流配送中心从组织架构上讲，应该归属哪个部门？

国内的零售企业在整个组织架构搭建过程中会发现，**物流配送中心在企业发展比较小的时候，应放在总部商品部下面进行管理。**

商品部作为整个商品的规划和管理部门，如果所有的商品都是通过商品部进行审核把关，那么整个商品的管理会非常到位。配送中心是一个大商铺，归属商品部进行整合管理，更有利于精细化管理、更有利于协调。

但是，在实际运作过程中，也会出现一些问题。如果销售规模比较大，或者店面比较多，所有的商品都需要到商品部进行审核，就会出现两个问题：第一，有没有这么大的人力、物力进行审核；第二，审核的精细度发挥得怎么样，能不能真正把关。所以，配送中心的归属问题还需要在实践中不断摸索。但是从目前情况来看，归属商品部管理的配送中心，占比是比较高的。

而当总部、门店发展速度非常快的时候，在门店的营运部已经发展到一定水平的时候，建议将配送中心放在总部的营运部下面进行管理。就目前的观察，一些中外合资企业、外资企业通常采用这样的做法。而对于国内零售企业，把配送中心放到营运部下面的，占比大概在70%～80%。家电行业的国美电器，上海的迪亚天天均采用这种方式。那么这么做的理由是什么呢？因为这样的管理方式效率会比较高，门店直接下订单，速度会非常快。

（三）能不能独立出去

有人会问，能不能把配送中心独立出去，进行单独运行管理？

我们国内目前的物流配送中心，由于种种原因，独立运作管理成功的经验不多。其实，物流配送中心就是一个大的订单部和收货部。在这种特殊的情况下，建议把物流配送中心放在运营部底下，这样更有利于管理。

在很多企业发展的初级阶段，为了节省人工成本，降低招聘难度和沟通难度，往往把人事部和行政部合并到一块，叫人事行政部。等到必须进行专业化分工时，才会把人事和行政剥离开。物流配送中心也是这样，中国零售企业发展到今天，一些大牌企业的总部组织架构图中，物流配送中心也是在营运部下面。

什么时候物流配送中心能独立出来？当你的物流配送中心不仅仅给企业内部进行配送，而且还给第三方配送的时候就要独立出来。因为进行第三方配送的时候，意味着配送中心已经不是一个纯内部的供应链，而要在外部盈利了。

（四）半径超过200公里就要建配送中心

“标超”、便利店，这些类型的零售企业一定要有配送中心。实际上，大卖场有配送中心，只不过大卖场规模不大、没有跨区发展的时候，设立配送中心的意义不是很大。但是一旦进行跨区域发展，特别是半径超了200公里以后，配送中心就浮出水面了。

沃尔玛在北方有一个配送中心，南方有一个配送中心，实际上从更大的规模上讲，两个配送中心是远远不够的。笔者最近看到一则报道，沃尔玛的野心非常大，对其在中国的发展非常重视。沃尔玛希望，到2020年在中国发展的店铺数、销售额能跟美国差不多。如果是这样，可以看出沃尔玛对中国市场是多么看重，所以它进行了重大的人事调整。

到那个时候，沃尔玛预估其在中国的开店数大概是300家，那时它的配送中心，就不只这两大配送中心，甚至更多。

第五节　热点五：关于地区采购的思考

（一）不得不进行地区采购

连锁企业最大的特点之一就是联产的规模优势，规模优势的形成需要总部的商品部来实施。但是在实际运作的过程中，大家都会遇到一个问题，即当开店开到30公里、50公里甚至100公里之外时，有些商品不能统一采购，需要地区采购。所以在过去的两三年中，所有的零售企业一直在非常痛苦地思考一个问题，就是要不要地区采购。

经过几年的实践，笔者发现不仅是国内的零售企业，包括一些大型的外资企业，还是不得不进行地区采购。因为**如果不进行地区采购，可能产生商品同质化问题，或者采购的商品不适合当地消费者的需求，这样造成的损失可能更大。**

现在沃尔玛、家乐福都有地区采购。目前所知道的在严格意义上没有地区采购的，只有麦德龙，其他零售企业大部分都存在地区采购。

（二）采购人员的编制

现在中国的市场，大江南北差异很大，有些区域不同的县之间商品都会有很大的差异。未来在搭建总部组织架构的过程中，地区采购要有，统一采购也要有。但是，这其中有一个讲究，就是**采购人员的编制要纳入总部采购部的编制**。

为什么要这样做?

很多企业在这方面付出了惨痛的代价。如果门店权力过大，特别是采购人员归属于店长管理，其弊远远大于利——采购人员完成了对门店的采购，但是他在考核、人员日常评估这方面却是独立于总部，甚至是凌驾于总部之上。所以，不管家乐福也好，还是其他外资企业，大家已经达成共识，地区采购的人员编制，是设在商品部下面，由商品部进行统一管理。

（三）如何处理统一性与灵活性之间的关系

过去家乐福没有限制门店的采购权，造成门店的采购权力过大，总部对它的管理失控，出现了很多问题。那么，总部的采购应该如何处理统一性和灵活性之间的关系，怎样设置组织结构?

大家知道，肯德基和麦当劳，虽然不是做零售，但是它们的发展非常值得我们深思。肯德基、麦当劳在标准化方面，做得非常优秀。但做好标准化后，又发现一个问题，即不可能让美国人吃的黑胡椒牛肉汉堡跟欧洲人的口味是一样的，而欧洲人想吃的东西跟非洲、亚洲又不一样。所以，在欧洲肯德基使用了大量的牛肉，鸡肉的比例越降越低（因为欧洲人相对来说更喜欢吃牛肉）。为什么能这样做?这就是统一采购和地区采购之间的区别。

加强统一采购是未来的主流趋势，但是绝对不能忽略地区采购。我们研究的核心观点是，**在组织架构上，做地区采购是对的，但是在管理**

上一定要是总部强势管理。总部管理对地区采购实行组织架构管理，但是在具体的产品开发特点上，还是要尊重地域差异化。麦当劳也好，肯德基也好，甚至是星巴克的失败案例，都给我们一个很好的启示。甚至可以说，家乐福为什么不把权力收缩到总部，也是为了在差异化管理过程中，不失去总部对门店的管控。

第六节　热点六：企划部的归属

超市能不能做好、销售额能不能增长、毛利水平能不能提升，除了要看采购部和营运部以外，企划部也不可乎视。别看这个部门很小，但它起的作用很大。做零售行业的人都知道促销的重要性，不做促销是死，促销做得不好也是死。而促销这件事情，就是由企划部来策划的。

（一）从美工部到市场部

企划部的发展分为四个阶段：

第一阶段叫美工部。

第二阶段叫海报部。

第三阶段叫企划部。

第四阶段叫市场营销部。

第一阶段美工部就是写写画画，做标签、做价签，这个部门在零售企业里基本都存在的。但是现在，我们大部分企业的企划部还停留在第二阶段，海报制作部，实质上就是一个平面设计部，只负责海报的设计及一般的商品拍摄，对挑选何种商品促销并没有多大的发言权。第三阶段的企划部有了一定的策划能力及商品的组合建议能力。而所谓的第四阶段，这个部门不但能策划，还能进行客户需求方面的调研，对促销主题及内容进行深层次研究。目前为止，能做到这一步的企划部少之又少。

（二）企划部应该归属于哪儿

在研究很多企业的组织架构的过程中，我们发现，很多企业会把企划部独立出来。其实，凡是销售额没有超过 3 亿 ~5 亿元的企业，建议把企划部放在总部的采购部下面比较好。

这样做的原因是，目前我们国内企划部的负责人大部分都是从广告、美工发展过来的。这些人对商品的知识、属性了解得很少。所以，他们在做营销方案的时候，最多是提一些概念，而且这些概念还会被采购部调整。在这种特定的情况下，如果企业没有达到足够的规模，建议先将企划部放在采购部下，由采购部统一协调。等企业真正做大，再将企划部完全独立出去。企划部独立的那一天，就是零售企业成熟的时候。

另外，企划部还有一个作用。有一些优秀的企业，给企划部规定了新的任务，就是要对商品部进行第三方监控，要研究那些敏感商品，特别是那些一线的商品。所以，在一些企业，企划部是制约采购部的第三方力量。采购部是很强势的，所以我们必须有两个部门进行制约，第一个是运营部，第二就是企划部。

（三）企划部要实现自我提升

当企划部发展到市场部阶段以后，除了企划这些功能以外，又附加了一些重要的功能：**第一是做第三方市场调查；第二是做数据分析**。这里的数据分析主要是商品的数据分析。很多企业尝试着把市场部作为制约商品部的另外一个部门，就是因为这个部门要进行第三方市场调查和数据分析。

无论是市场部，还是企划部，初始阶段我们还是要把它归入商品部。因为如果你想要提高它的功能，部门的人员素质就必须提高。企划部真正的价值应该建立在对商品非常了解的基础上。了解商品以后，再独立于采购部做营销方案，由于对供应商很了解，对商品属性很了解，对价格很了解，所以它做出的方案必定是符合企业的需要，也能应用于市场。真正到了那个时候，我们的企划部才算一个真正意义上的企划部。

第七节　热点七：培训功能日益放大

（一）培训能解决零售人才缺口问题

培训是总部建设过程中一个非常重要的板块，未来，零售企业对人才的培养，都是通过培训来完成的。零售企业在培训和招聘的问题上，下了很大的功夫。大家都知道，现在零售行业招人难，难到什么地步？河北沧州一个企业，在招聘的过程中，用了很大力度在报纸上做广告，但是只有十个人前来应聘。后来他们在这个城市两个最大的人才招聘会上进行招聘，打算把符合标准的人才一网打尽。全部招聘完成以后发现，人是够了，但是能够达到录用标准的不多。

所以在三四线城市，可以采取一个新的模式，只要大专以上学历，综合素质比较好，非常擅于学习，愿意学习的人，可以全部招聘进来，进行强势培训。

这种方式效果非常的好。第一解决了人才的进口问题，第二人才的综合能力会比较高。人员一旦进来，要比原来在零售行业待五年的人都厉害，因为原来待在零售行业的人，很多都是小学、中学毕业，他们的综合素质提升会遇到很大的问题。

整套的培训体系包括：一周全员的培训，三天的军训，结束后再进行分部门培训。实际上就是使员工从一无所知，变成对零售行业基本的知识都掌握。

我们在河北承德做了一个实验，在一些主要的管理岗位上，除了个别岗位招聘一些以前做过零售行业的人员，很多岗位招聘的就是大专生，他们的综合素质都很好。我们搭建了一个培训体系，对这些从来没有做过零售行业的人员进行了一个月的封闭式训练，训练的内容非常丰富。

等这些新员工上岗之后，他的能力和潜力要比原来做过零售企业、但综合素质比较弱的业内人士人要好很多。所以，搭建一个好的培训体系，是我们解决未来人才缺口的一项重要手段。

所以，如果企业有一定的规模，建议要成立自己的培训中心，要培养自己内部的讲师和培训师。

例如，企业内部有 500 人，建议至少按照 5% ~10% 的比例配置内部培训讲师。等企业逐步成熟，所有关键的技术布口，比如收货、防损、订货、盘点、客服和收银，全都要配置 2 ~3 个讲师。要逐渐在企业内部培养出一个优秀的内部讲师团，这个讲师团会很好地解决企业内部能力提升的问题。如果员工经过持续的专业培训，自身能力不断得到提升，这将影响企业一批又一批的新老员工。

（二）培训的内部管理和传播功能

企业要提升管理能力，核心在于提高人的素质，但是提高人的素质需要一套机制，不能空喊口号。在培训做得好的企业内部，员工以自己能当培训师而感到光荣，认为这是一种成功。对于规模稍微大一点的企业，内部有自己的刊物，很多员工以能当企业的编辑和记者而感到光荣，认为这也是一种成功。

未来，企业搭建了培训体系，培养出一批又一批优秀的培训师，培养出一批又一批的编辑和记者，他们在管理上都是有潜力的人，不但能够从事平常的管理工作，而且能通过自己的口、自己的笔，把很多优秀的管理经验分享出来。

此外，培训本身也具备传播的功能。当连锁店开得很远时，基层很多员工可能很长时间都不知道总经理长什么样，或者没跟总经理开过会，唯一能传达信息的渠道就是通过店长。然而，依靠店长这一个渠道是有缺陷的，能够把会议精神和通知完整地传达下去的店长少之又少。所以，在做连锁企业的过程中，当门店伸到300公里之外，不可能把员工叫到办公室来一对一谈话。唯一能做的，一是通过培训，二是通过媒体传播。

（三）零售企业培训中的问题

培训和管理很难区分开，要让培训成为管理的必然。

虽然企业现在越来越重视培训，但是在培训方面还存在一些问题，具体包括以下三个方面。

第一，培训的需求并不是很科学，很多公司的培训，出发点是认为人事部没什么事可做，别人都培训，自己不培训讲不过去，所以进行培训。

第二，跟需求配套的时候，相关课程并没有进行真正的有机协调，所以很多培训的效果就打了折扣。

第三，培训没有系统化，经费一紧张可能就把培训取消了。

（四）可借鉴的案例

过去不仅是我国零售企业，很多外资企业，培训也基本上是一些摆设，象征性地在做。但现在零售行业的培训绝对不是摆设了。

有一家山东的企业，在海边盖了一个四层的培训中心：第一层是餐饮，第二层、第三层是住宿，第四层是多功能厅，投资非常大。在这个培训中心，讲师和学员全部进行封闭式的培训。这家企业一年的销售额也不过区区 60 亿元，看他的培训报表，培训的计划每月都在进行。这就引出一个问题，投入这么大的资金，培训的效果到底怎么样？

跟大家分享一下笔者的亲身感受。作为讲师来到这个培训中心会有一种什么感觉？这个培训中心相当于一个小型招待所，从进入大堂开始，从门口迎宾一直到办理整个手续，服务员管理的规范程度比很多四星级酒店都好。为什么？因为培训每天都在进行。到企业总部，你有一种感觉，这个企业总部所有人的精神面貌和别的公司总部员工是不一样的。

观察他们的培训情况，一般稍大一点的培训，是组长级以上管理人员全部参与。在课余和组长谈话的时候，会涉及很多管理领域，明显感觉他们的综合素质是比较高的。

这家企业的所有老总，全部到欧美国家考察过，跟他们讲任何东西，他们不会觉得很难，都能理解。这家企业还非常重视人员的交叉培训，很多做营运、采购的人员同时进行人力资源、财务、拓展，甚至包括其他方面的交叉培训。这样培训出来的人员，综合能力非常强，将成为公司的第二梯队。

正因为如此重视培训，所以这家公司也发展得非常快。

（五）培训预算多少合适

那么培训预算到底有多少？大家都知道，国外的企业，培训预算可以平均达到销售收入（含税）的2%～3%，这里主要指的是欧美企业。中国企业的培训预算应该能达到0.5%～1%。

如同上述提到的这家山东企业一样，很多企业都有培训中心或者是发展学院。如果一家企业没有培训中心，人力资源部负责也可以。这家公司一年的培训费用占整个销售额的1.5%。除了预算之外，如果企业培训没有机构保障，每年编制不出来年度培训计划，那么肯定是对培训不重视。

第八节　热点八：数据分析迫在眉睫

（一）数据分析越来越重要

过去我们的企业在做零售的时候，基本上是老板拍脑袋来预估企业大概的销售额。现在我们发现，在做精细化管理的时候，如果按照这样粗线条的分析方式，已经没办法再向下推进工作。所以，现在零售企业的数据分析需求，包括商品和营业的数据分析、薪酬调查分析和培训的调查分析等，已经迫在眉睫。

过去我们常说，培训效果之所以不好，原因之一是不清楚员工到底需要什么，企业到底哪些方面薄弱。对这些问题我们都不怎么做分析，即使做了分析也是估计为主。现在有些企业，例如前面一节提到的山东这家企业，每次在做需求调查分析时，特别在培训的时候，都会分层次进行调查，中级管理人员、高管人员还有门店人员，每个层次都是抽取一定的样本数把这个调查报告发下去，并且规定必须在某一个期间，把调查报告交上来。通过详细的市场调查，就会发现，哪门课的课题最受欢迎，企业哪个方面需要重点加强，做到培训全部数据化。

（二）数据分析工作应该归属哪个部门

既然数据分析这么重要，企业想必需要一个数据分析部门或者数据分析中心，那么这个数据分析部门到底应该设置在哪里？现在很多大企业的实践结果告诉我们，应该放到信息部。为什么？大家都知道，所有的信息分析都包括商品的分析、门店营运分析。数据分析放到信息部，相当于对商品部和营运部进行第三方监控，增加一个制约机制。

目前，数据分析在很多企业，一是没受到重视，二是企业不知道该怎么做。实际情况是数据分析更多的是商品部或营运部自己在做，而且基本上比较粗放。所以下一步总部工作一旦加强以后，就意味着负责数据分析的人不仅仅要懂数据、懂系统，还要懂营运、懂采购、懂商品，所以这个部门一旦建立起来，便是一个不得了的部门。当然，各个职能部门肯定也会做自己部门的数据分析，但是并不能替代中心的数据分析，它是全盘的分析，包括公司的资产负债表和损益等。

总的来说，总部建设需要 2～3 年的发展期，发展期中有很多东西需要熟悉，有很多信息需要关注。建议大家今后留意观察比较好的外资企业，不仅仅是沃尔玛、家乐福，还包括联华和大润发，同时也要留意一些国内做得比较好的跨区域发展的公司，例如物美、华润。另外，建议大家注意观察肯德基、麦当劳、星巴克这些跨国连锁企业。从事零售行业，眼光不要仅仅盯住零售企业，只要是发展得很好的连锁企业，都应该去观察它、研究它。

第六章

总部对门店的监管

零售企业管理建设的核心一定在总部。把总部建设好，并在此基础上配置好其他职能部门，才有可能加大对门店的监管力度。

原来的二级管理，实际上依靠的是回收财权，并且通过人力资源做标准，从而尽量简化门店的职责。简化到什么程度？最理想状态就是，门店只负责订货、现场管理、销售、售后服务。

如果去肯德基、麦当劳的门店，你会发现，他们的店长连损益表都不知道怎么做，更不要说资产负债表。当然，这是因为企业不用他们做损益表。如果你问沃尔玛的店长，“谁能做三大报表（资产负债表、损益表、现金流量表）”，恐怕很多人会摇头。但是，如果同样的问题，问家乐福的店长，他们会每一点都给你讲得非常清楚。这是因为，家乐福店长的工作很齐全，工作越齐全、难度越大。

所以，我们强调，通过人才、物质几个方面，通过标准化和审计，总部的控制就会得到大大的加强。

第一节　门店管理部的功能

总部对门店的监管通过门店管理部来实现。所谓门店管理部，就是未来总部强势以后设立的营运部。我们将营运部的几个功能戏称为“四大金刚”。从门店的层面来说，包括总监、业务督导、生鲜督导、防损督导。管理一个门店，关键看门店是不是能够建立很好的标准，门店的规章制度是否到位，这是门店运营管理部要做的第一项工作。

（一）业务督导

建规章、建制度、建流程，这个由门店的业务督导来做。业务督导有五项基本的工作职能，具体包括：

第一，做流程、做标准化，这也是我们对门店运营管理的第一个要求。

第二，门店所有相关的专业管理培训，由总部门店管理部的业务督导来主导。

第三，稽查。这个功能未来对运营管理的要求很高。

大家都知道，不同业态的管理模式不同，便民店和便利店平均一个督导人员能巡 6 ~8 个店，最高建议不超过 10 个单店。督导人员可以称为运营督导，也可以称为小区经理或者大区经理。督导的作用非常重要，可以毫不夸张地说，做标准化并不难，难的是督导。现在国内很多零售企业失败就失败在督导层面上。一般而言，一个督导一个月不去一次门店，就会出现很多问题。

第四，督导要对各个门店实施绩效考核。

第五，督导还要协助总监进行店长组织和召开联席会议，有大量的相关数据报表，都需要由督导来协助完成。

（二）生鲜督导

不管是业务督导、生鲜督导、还是防损督导，实际上只是所做工作的侧重点不一样。为什么把生鲜单独拿出来讲，因为在很多企业，生鲜是做超市成功的一个重要环节。生鲜做不好，这个超市的市场基本就失掉了一半。

（三）防损督导

对于防损来说，在组织架构搭建的时候，如果企业规模不是很大，不建议总部把防损部独立出来，成为跟营运部并列的一级部门。根据经验，凡是把防损和营运部并列为一级部门的，运行好的占少数。

可以想象得到，防损经理在总部，上面是光杆司令，其管辖的所有人员的编制都在门店，虽然防损部是由防损经理进行直线管理，但是一般而言，营运总监和营运经理多少会比较强势。因此，很多企业的防损经理基本上是形同虚设。

真正的防损部理论上应该不受门店营运管理部的控制，它跟营运管理部之间是制约的关系，但是由于企业发展阶段不同，目前还做不到这一点。在企业发展规模不是很大的时候，建议把防损部并入营运部，配合总监进行门店的防损管理。等企业真正强大到一定的程度，条件成熟后再独立出来，例如沃尔玛所设立的资产防损部。

如果防损部放在营运部下面，会不会出现监守自盗的情况？这就是我们在未来建设各个部门的时候，需要进行稽查的主要原因。实际上，**制度建设就是最大的防损机制。**

第二节　人力资源部如何监管门店

如果企业的门店开了 100 家以上，人力资源部应该怎样监管门店？

监管的原则是：总部的人力资源部只参与门店高级管理员的面试，门店普通员工的招聘，一般情况下由门店自主负责。

（一）三个维度面监管门店

需要强调的是，总部不参与并不意味着不进行管理，那么，总部该如何管理呢？主要有三个维度。

第一，总部通过对各个门店的组织架构图的制定和人员的定岗定编来实施对门店的管理。通过店长，把人控制住，在绩效考核的过程中，关键的布口要把握好。在招聘二级部门的人员时，要经过人力资源部审核之后，才能够确定。

第二，进行绩效考核，对人工成本占比进行监控。总部在绩效考核的过程中，有 40% 的评估权。一般来讲只要人工成本占比能控制在 3% 就可以。

第三，总部人力资源部不定期到门店进行稽查。对门店的人员进行严格的管控，主要管控的对象是门店的中高层管理者。总部必须要双向评估才能决定人员是否可以解聘。

（二）如何加强人力资源部的管理能力

既然人力资源部掌握着人才的引进和培养大权，零售企业从四个方面可以加强人力资源部的管理能力。

第一，从招聘的角度，人力资源部的主要负责人最好来自运营部门，这也是目前零售企业一个发展趋势。

第二，如果不是来自营运部门，建议对人力资源部的主要人员进行轮岗。例如北京物美规定，所有的职能部门人员特别是经理级人员，原则上都要到门店挂职，当店长或实习店长，最少半年。

第三，企业一定要进行多岗位的交叉培训。例如，我们在做大卖场的同时还有标超，作为人力资源总监要进行所有岗位的轮岗培训，包括财务、招商、信息、采购、拓展这些部门。

第四，建议所有公司总部的工作人员，各部门只要是经理都要参加营运会议，通过这种方式对营运有一些了解，对营运的动态做到了如指掌。

以上的四种办法，非常有利于培养人力资源这个专业部门，使他们对业务部门加深了解。

（三）如何解决招聘难题

过去，门店人员的招聘，都要经过总部。如果总部和门店在同一个城市，或者只是在某一个特殊的阶段，总部还能应对。100 公里之内的门店招聘店长，全部要到总部来进行面试。如果是规模大一些的门店，所有门店的中级管理人员，也全部到总部进行面试。

但是如果距离较远，这个办法就不可行了。如果是 500 公里之外，要店长到总部面试就不现实了，虽然理论上可以这样要求，但实际上，这个功能无法实现。若是让人力资源部的招聘负责人到当地门店一个一个地招聘人员，一两个门店还可以，门店多了就不行，因此这个办法也行不通。

解决的关键是标准化。如果把门店的所有工作进行标准化，门店对人才的要求就会降低，人员具备基本素质就可以，这样我们的招聘工作就会容易很多。

有的时候可以通过提高门店审核标准来进行管控，例如，审核标准中包含对店长进行面试。做得更细致的企业，可以考虑对区经理进行面试。

控制人力资源是对门店监管的一个很重要的方面，主要通过对门店人员编制和门店人工成本的控制来实现。

第三节　总部如何控制腐败

（一）门店没有“一分钱”额外收入

就国内的大卖场而言，门店的管理层应该没有“一分钱”的额外收入。什么叫没有“一分钱”的额外收入？大家知道，过去在卖场层级做得最强势的就是家乐福，家乐福很多店长在店面这一层能收到很多钱。例如厂方促销人员的钱、管理费，某些特殊促销的费用，甚至还包括很多地区的采购费用。因此，店长的财权太大，就难免出现问题和纠纷。

在门店拓展的过程中，为了防止出事或尽量少出事，**建议门店所有供应商的结款都在总部进行，所有厂方促销人员的费用都在总部交纳。**

也许有些人会问，如果总部在上海或者南京，那么在100公里之外的企业供应商到总部交款是不是太远了？实践经验证明，当总部设在上海的时候，周边城市所有的供应商到上海去交款都没有问题。

为什么宁可让供应商麻烦一点也要到总部交款？调查发现，这样做不仅仅对门店有好处，对供应商也有好处。很多门店都会存在向供应商索要各种费用的情况，并由此滋生出一些腐败问题，这样的事情如果总部管控得不好，就会出现疏漏和问题。

从财务的角度上讲，要实现收支两条线，所有的费用应该都由总部来操作。如果门店需要日常开支，可以采取备用金制度，备用金的数额可以设置为5000～10000元，门店每次用完之后，到总部来报销。

（二）不定期进行内部审计

总部保证门店具备相对的独立性和快速反应能力，但是要通过绩效考核来判断门店的实际操作情况。这一职能主要通过审计部来实现，同时还包括人力资源部、财务部等部门在内，只有内部审计真正发挥作用，管控才能有效果。

审计部门进行审计工作容易理解，其他非审计部门如何进行审计工作？从人力资源部门角度来说，总部在招聘二级部门的人员时要经过人力资源部审核之后，才能够确定。从财务部角度，在法律法规、会计制度、公司制度的范围内，发挥对门店的监督审计职能，简单地说就是不能让门店违法。

举一个简单的例子，在店长或总经理离任的时候要进行离任审计。如果企业有单独的内部审计部，就由内部审计部来操作这件事。如果没有内部审计部，很多离任审计、问题审计的责任可能都落在了财务部身上。只要是跟公司资产有关系的，财务部会根据账面上的一些数字，去核对企业门店的实际情况。将这个门店店长任职期间的资产管理情况、费用情况、资金保管情况等进行罗列、审计，合格之后，这个店长或者是总经理才能离任。

第四节　财务部如何管控门店

对于现在总部和门店的这样一种关系来说，可能大家很多时候都听说过所谓“强总部、弱门店”、“强门店、弱总部”这两种模式，这两种模式在现在的运行过程当中，经常会发现在互相穿插。对于这两种模式大家都会反映一个现实的问题，那就是总部到底怎么样来控管门店？具体涉及财务部，财务部应该怎样对门店进行控制？

（一）具体职能

总部财务部对门店的管控，主要涉及财务的两大职能，即核算和监督。

核算职能所体现的服务就是提供完善的数据支持。

监督职能包括两个方面。一方面是为股东提供资产完整性。资产包括门店的桌子、椅子和板凳，包括大家比较头疼的耗材。资产当中还有很大的一部分就是商品，其中包括商品如何盘点，财务在盘点中充当什么角色等；另一方面是保障股东的投资回报。财务部内部的计核工作和预算的分析，都是为了保证企业既定目标的实现。股东多长时间能回报？每年需要回报多少个百分点的利润？都是财务部需要考虑的事情。

（二）一切为了销售

综上所述，我们看到财务部的控管职能也好，核算职能也好，这些服务最后都是围绕着股东回报，股东回报是通过长期、稳定的销售额和利润来体现的。所以在财务部控管的时候，有一个中心思想，即**一切为了销售额**。有利于销售的事情，才会去做，而不是说为了控管而控管。

待预算时各个总部战略目标定下来以后，分解到各家门店，由门店来编制每日销售额的预算，编制到处、科的小分类，最后财务部有一个汇总。汇总预算的时候，哪些是能够通过的，哪些是不能够通过的，要有一个度，要体现出“一切为了销售额”的原则。

如果一家企业，预算的费用超标了，董事会就下一个指标，要求整体费用砍掉30%。这时候财务部再跟分公司、各个门店协调会非常困难，那怎么办呢？如果将整体费用都进行削减，这就是典型的不符合销售额第一的原则。可以想象一下，如果招待费砍掉30%，可以勉强应付。那么水电费也能砍30%吗？这就完全违背了我们整个运作的基本规律。

同预算、销售额直接相关的费用中，有一部分是可以提升的。比如说促销费用，相对来说销售额越高，促销费用就越高。不能说在今年销售额已经变化的基础上，预算费用、促销费用还是教条地去看去年的绝对值，那就违背了“一切为了销售”这个原则。

（三）总部和门店的关系

门店跟总部之间的关系可以分为两种。

第一种，总部和门店都作为一个独立的利润中心。门店首先是一个独立的利润中心，总部的利润中心通过供应商的通道收入体现。例如，有的企业有配送中心，配送中心的收入和通道收入这两部分，就作为总部的一项收入来源。总部的费用由它来支出，相对来说，总部也能产生利润。

还有一种情况，门店是利润中心，而总部是一个费用中心。我们所有的利润，都从门店获得，这个时候就要求我们按照一种公平的原则，把所有的费用，比如通道收入、配送费等分摊到门店去，让门店来实现整体的利润。这种情况下，门店是总部的一个利润中心，门店跟总部在利润方面是分解的关系。

第七章

构建强大总部的七大要点

其实，构建强大的总部并不是一件特别困难的事，零售企业只需抓住几个关键点，就能获得良好的效果。我们只有在规范化管理、跟踪执行、重点部门管控、企业文化建设、信息系统构建方面多下功夫，总部的强大就不会遥远了。

第一节　要点一：实施标准化管理

（一）不做标准化“死路一条”

构建强大总部要解决几个问题，其中最重要的一个就是标准化的问题。

思路决定出路，标准化决定企业能走多远以及企业未来的命运，不做标准化就是死路一条。多个跨国企业的实践经验已经反复的告诉我们，如果没有标准化手册，包括标准化的运行模式，企业肯定走不远。肯德基也好，麦当劳也好，包括类似沃尔玛这样的企业，为什么能走得这么远，能跨这么多区进行发展，都是解决好了一个标准化的问题。

麦德龙在中国开店有三个重要的标准，一是一定是批发，零售额的一概不让进去；二是开发票一定是“透明”发票，一定不能是模糊发票；三是小孩、儿童一概不允许进麦德龙超市。这三个标准麦德龙一直坚持到今天，这就是麦德龙的标准，即便受到人们的质疑依然不变。

标准化自有标准化的道理。比如说，不让零售的客户进去，就是因为它要做大客户；开透明发票，就是反对贪污腐败问题。人们都知道，到麦德龙去采购，那里的“猫腻”非常少；小孩、儿童不能进去是因为卖场大部分都是很高的货架，很多叉车在里面运输，儿童、小孩个子比较矮，容易出现意外事故。

（二）标准化难在执行

中国企业有没有标准化？有，很多企业的标准化流程一本又一本，但是真正的问题不在于我们有没有标准化手册，而在于这个手册根本就不用，形同虚设。对于外资企业，很多标准化的流程已经深深地印在他们的脑子里，而中国企业的标准化流程却都在手册里。

现在做零售企业最难的，就是有即定的理念和标准，但不能完全地执行下去，标准化难以落实。

标准化可以执行到什么程度？举一个例子，很多企业是这样要求的：每次开门店的时候，原则上都有几个大标准。比如，总部的配置，甚至包括办公用品应该配置到哪一步，包括谁用什么样的手册，谁用什么样的笔，全部都是标准化的。

对此，要加强跟踪执行能力。以连锁企业为例，比如说肯德基、麦当劳这些类似的企业，他们之所以做得优秀，除了刚才所说的标准化过程和培训过程之外，还有就是要加强跟踪执行能力。这方面确实是我们中国企业做得比较薄弱的地方。

以零售商学院为例，我们用什么手段让我们的标准执行下去，让我们培训的效果真正能够体现在总部对门店的管理上，具体表现形式是什么？这些都属于跟踪执行能力的范畴。

（三）职能部门业务化、数字化

还有一点特别跟大家强调，也是在多年实践的过程中发现的，即为什么总部对门店实行管理的过程中有很多的困难，一个重大的原因在于，很多总部的职能部门发挥的作用非常有限。

总部很多职能部门的人高高在上，很多人员从来没有做过门店。这些人员原来就是从职能部门过来的，先在总部人力资源部、财务部，包括信息部待着，对整个门店的运行没有真切的感受，而且常年不学习。不学习的结果是，在指导门店的时候经常说外行话，办外行事，制订的很多文件门店无法执行。

所以现在很多企业要求职能部门第一要业务化，第二要数字化。

第一，从原则上讲，所有的人资选拔尽量先从业务部门调用，其他从营运部门调过来。

第二，如果他们碰巧没有在一线工作的经验，建议到门店挂职培训，到门店当实习店长或者当实习店长助理，跟着门店店长全部走一圈，看看门店是怎么运作的。一定要走这一步，没有这一步，建设强大的总部会有很大的问题。

第三，要不定期的在营采部门和市场部门进行轮岗培训，或交叉培训。否则，二线部门永远是瘸子，不可能发挥出总部的职能。

第四，对所有的部门特别是二线部门进行绩效考核，要求所有的考核内容必须数据化。

举一个最简单的例子，对人力资源部所有的工作的考核，我们全部用数字来表示。人员招聘达成率、人员流失率、人工成本，还有人员招聘进来之后的成活率，以及人员的编制等，所有的这些东西全部编成手册。人力资源部对门店进行体检的时候，全部按照手册进行体检，全部拿数字进行说话。只有人力资源部和其他职能部门，都对门店了如指掌，才能发挥作用。

第二节　要点二：稽查体系的建立

（一）稽查体系的内容

我们应该认真学习外资企业，建立强大的稽查体系。稽查主要包括两个方面：一个方面是财务稽查。财务稽查主要分两类，一类主要是针对企业所有相关费用的稽查，另一类是对整体财务状况的稽查。另一个方面是对业务流程体系的稽查，主要看是否按照企业已经制定的标准在执行，主要体现于营运部，营运部要对门店所有的业务流程、生鲜、防损，包括其他业务流程进行稽查。

（二）经验分享：督导

目前很多零售企业，特别是一些便利店、小的零售企业有两种稽查手段。在这些企业的营运部里面设计了一个职务叫督导，督导的范围有两种。一种是只做业务流程的督导和检查，他不对门店的销售额和业绩负责。

另一种，也是多数便利店采用的方式，即督导实际上是区经理的督导。比如，一般的便利店，一位督导少则负责 8 家门店，多则负责 15 家门店，相当于对 15 家门店的区经理进行督导。这位督导从整个财务报表，包括业务流程的每一个环节进行管理，他相当于总监下面外派的一个小分公司的总经理。

笔者在做市场调查的过程中发现，凡是在督导体系工作过的人，都可以做小公司的总经理，他们有很好的系统思维能力，不仅对商品熟悉，对总的营运甚至财务方面也都很熟悉。他们知道企业哪个点是控制点，所以这个稽查体系非常关键。

（三）经验分享：人力资源和业务的稽查

人力资源如何稽查？比如，是不是所有的人力资源报表都进行登记了；是不是所有应该签字的单子都签字了；是不是所有发放薪资的薪资卡，每次都到银行进行抽查；是不是有可能出现阴阳报表等。为什么连这么细的问题都要进行稽查，因为过去我们在这些地方都出过很多问题。

对业务系统的稽查，需要制作相应的稽查报表。比如，门店收货部门有一个检查清单，受检部门是某连锁店。检查的内容可以包括：收货部门的叉车应该是什么状态；充电区、包装区和存货区是否全部进行分区、分类且标识出来；应该达到什么样的标准等。对总部相关部门，比如对营运部，所有稽查都是不定期的，绝对不能让被检部门找到时间规律，找到规律就没有意义了。

第三节　要点三：绩效考核

（一）绩效考核的作用

过去我们常说，绩效考核不仅仅是对业绩的考核，实际上它是一种非常重要的监控手段。例如，针对一个面积 8000 平方米大卖场，如何监控？

经过市场调查，我们做一个预估，假定这个门店年销售额一定不低于 1 亿元。相对于这 1 亿元的销售额，对门店的损耗进行定量控制，损耗的比例可以是 3‰或者是 2.8‰。人工成本方面，应该控制在销售额的 3.5%。

把这些重要指标确定好之后，哪怕一年不去门店，最起码能够控制住大方向。这非常像过去我们说的承包责任制，每年保证上交 500 万元利润，其余的由门店自主决定。所以说绩效考核的指标非常关键。

（二）商品部如何考核

对于商品部的考核，怎样解决采购“黑洞”的问题？

因为采购有很多桌下交易，就是我们所说的“猫腻”。例如，我们可以通过设置投诉热线，对采购进行电话监控。在实践过程中，投诉热线在本土并不是很有效，但是它毫无疑问也是工具之一。

除此之外，对采购监督的一个重要手段，就是进行绩效考核。这个绩效考核体现在很多指标上。以毛利水平为例，假设某个商品或某品类，在市场上的毛利水平大概是12%，如果做得好能达到12.5%，你就可以把指标订到12%。除非采购很有本事，能将毛利达到12.5%，甚至13%，这时他有点灰色收入，你拦都拦不住。

很多企业就是这样，首先依靠标准，即绩效考核。至于说有一些企业在内部设有探头，这些做法都有侵犯人权的嫌疑。所以对于商品部，绩效考核的功能非常重要。

（三）立标准

对于绩效考核，我们到底应该怎样定指标，对指标怎样进行分解？制定一个监督和执行的标准非常重要。例如，在店长会议上，对门店的费用分析上能够非常细致，这种细致程度都是跟绩效挂钩的。当大家对数字极为敏感的时候，当你不断通过第三方进行市场调查，了解目前市场价格的时候，事实上已经把可能作弊、出问题的空间压缩到了最低限度。

将这个空间压缩到最低限度以后，企业总部再进行监控，重点就是立标准，进行监督，进行培训，或者进行稽查。实际上总部的功能就是这个功能，这是一种很重要的手段。

第四节　要点四：平衡制约

（一）门店功能要尽量简化

这一点在前面已经提到过。为了有效地管控门店，现在很多企业对门店的功能不断简化，特别是在财务方面，把财务的空间压缩到最低限度，只留预留备用金。同时通过很多标准化流程，简化程序及要求。

所以，现在门店的功能慢慢地越来越简化。但为什么很多门店功能还是比较复杂？这跟我们的历史发展阶段有很大关系。因为，很多中小企业都是从单店逐步做起来，单店肯定是“麻雀虽小、五脏俱全”。但是门店发展的基本方向，是由最开始的复杂到相对简化，最后发展到简化。随着总部越来越大，当企业做到两三亿元，甚至四五亿元的时候，如果门店依然个性化非常强，就会有很大的问题。

（二）品类管理部可以制约采购部

我们现在强调门店的管理，主要是实行标准和简化的工作。大家都知道，当你搭建总部组织架构的时候，如果对商品部给予很高的希望，这时候就会产生问题。因为权力越大，腐败的可能性就越高。且不说商品部能不能做到期望的水平，商品部要监控门店和库存管理，各方面都要监控，这个部门就会很庞大，但是谁来监控商品部？

所以在这里面，商品部内部实际上也有一个监控机制。举一个例子，品类规划这个岗位，或者这个部门实际上就是对商品部门的一个重要监控。什么样的商品可以进？什么样的商品不能进？它的价格大概处在什么样的范围，毛利水平大概是多少？所以，通过品类管理部对采购部进行制约，从内部平衡商品部。

（三）排面部也可监控商品部

在对排面进行布局的时候，应该拉出多少排面，每个商品应该排多宽，深度是多少，排面部实际上也有一定的发言权。这就是为什么有一些公司，把排面部门放到另一个部门，相对于商品部进行监控。

大家都知道，过去铁路系统运力非常紧张，大家经常问“你能不能给我一些车厢的指标”，谁有了车厢的指标就意味着货能运出去，因此火车车厢的指标非常的紧俏。对于门店也是一样的道理。企业搞定了品类管理部，有了商品，但如果没有排面，同样无法销售。

实际上，从历史上来说，包括现在和未来，门店永远对采购部门有一个监控的功能。因为大家知道，特别是在异地开店，总部商品部做市场调查也好，研究商品也好，都不可避免地会出现盲点和疏漏。

（四）商品部内部进行轮岗

再补充一点，即在商品部内部进行轮岗，这是很多企业现在正在实施的一种手段。比如，在食品部内部进行不同岗位的调换。轮岗的目的，就是不希望你在某一个地方根基培育得太肥厚，关系网建立得太稳固，因此要不断地调整。

很多知名的跨国公司内部，采购部或者商品部的人员会流动到营运部，营运部的人员会流动到商品部。虽然这样企业会有效率损失，会有一些代价，因为每个人毕竟有一个熟悉的过程。但是也有好处，最直接的效果就是核心人员营采两方面都懂，这肯定对这家企业包括门店的配合方都有好处。

第五节　要点五和要点六：信息系统和人工成本

（一）信息系统的重要性

前面我们已经说过信息系统的重要性，这里再从总部监管的角度加以强调。

过去曾有这样一个案例。人事部有一位人事经理，我们怀疑他把公司很多重要的数据报表传给了竞争对手，但只是怀疑，并没有证据。数据分析中心有一个系统管理员，后来通过系统管理员授权，把这位经理最近一段时间所有对外的信息用系统全部调出来，果然有大量商品毛利润、报价之类的公司重要信息和重要的调查报告，都通过系统传走了。通过信息系统管理员的发现，公司立刻采取措施，全部收回电脑。

如果没有监控，很多地方不犯错误都难，而强大的信息系统就能做到让人想犯错误都很难。

（二）人工成本控制

北京物美是笔者见到的中资企业中，最舍得在人工成本上投资、下本钱的一家企业。目前它的销售额是170多亿元，曾经把国内几乎所有大零售企业区域总经理这一级的人员全部纳入麾下。每一个区域总经理的人工成本，没有一个低于50万元。大家知道，北京物美收进江苏时代、美廉美之后，下一步如果不进行大量的总部整合就不能很好地消化。谁来进行这一整合？总部来整合。实际上，人工成本就是我们前面提到的，短期利益和长期利益结合的问题。

第六节　要点七：企业文化及公司领军人物综合素质

（一）领军人物和总部的关系

在总部做强的过程中，第一把手能力的高低直接影响了总部是不是很强势。

需要特别指出的是，把前面讲到的所有这些标准化做完了，所有措施达标后，总部是不是就自然而然地强大了？绝对不是。过去很多企业失败，很重要的一个原因就是公司的企业文化及公司领军人物的综合素质不高，把企业葬送掉了。

中国的企业跟国外的企业非常不同的一点，就是中国的企业基本上是老板的企业，中国的企业文化基本上是老板的企业文化。老板是什么样的风格，这家企业基本上就是什么样的风格。所以在总部的建设过程中，我们一定要特别注重公司第一把手、第二把手素质的提高。

（二）人员流失的一个重要因素

另一方面，现在很多零售企业人员流失率高。根据一份针对离职率的全球性调查，一般来讲员工离职率高，70%到80%以上都是因为主管有问题。询问员工为什么选择离职，得到的回答很多都是因为同主管之间发生问题，而认为这家公司不好的比例非常低。因为，对员工来说，上级主管就是员工在这家企业所处环境的集中体现。所以，领军人物素质的高低会直接影响核心班子和整个管理团队，通过企业价值观和文化，对员工的流失率起到很大的作用。

公司第一把手的外表，说话的方式等，都能间接影响一个公司，影响企业中每位员工的形象。

最后总结一下，构建强大总部，从部门来说，应该在商品部、人力资源部、信息系统三大关键部门下功夫，因为这三个部门对整合总部建设会发生至关重要的作用。

还有零售企业的三部曲。最开始走的是以人才和门店为主的运行模式，这种运行模式下，严格讲门店做好就成功了；其次是发展到中间阶段，也就是我们目前大部分企业所处的阶段，平台已经开始分离，在分离的过程中，总部的功能开始强大起来。但同时还保留着一些门店强大的影子，但总部的功能占到 70% ~80%。最后，未来真正做大、做强零售行业，核心的问题是要做一个强总部。

实际上，现在强总部的例子已经屡见不鲜，外资企业几乎都是强总部，这已经给我们树立了一个很好的榜样。没有创新，就是自我抛弃。在做企业的过程中，每年都要总结经验，每年都要探讨企业的模式是不是应该进行适当地调整和完善，这样才能真正达到与时俱进，把我们的企业做好。

附录

2012 -2013 中国零售业
人力资源蓝皮书

前　言

受中国商业联合会专家工作委员会的委托，中国零售业人力资源研究中心（IBMG 国际商业管理集团下属机构）组织编制了 2010 年以来的第三期年度中国零售业人力资源蓝皮书。

同以往的组织、编制方法相同，此蓝皮书共采集了上百家不同零售企业样本，其中以连锁超市和百货为主，区域覆盖 80% 以上的中国省区，相关的数据均来自相关企业的财务和经营管理报表，具有较强的真实性和参考性。

与此同时，为确保相关数字及内容的真实性和权威性，研究中心的相关专家在报告正式发布前反复同相关企业进行核实，征求他们的意见和建议。

考虑到中国零售业中小企业众多，民营企业又占主导地位，以往对它们的研究及给它们提供的服务不够，此蓝皮书特别注重来自中小企业的相关数据（这里所说的中小企业大部分年销售额在 50 亿元以下）。可以说，本年度的人力资源蓝皮书对中国零售业的中小企业具有更强的指导意义。

中国零售业人力资源研究中心成立于 2006 年，长期致力于中国零售业人力资源管理的研究和探讨，为上百家中国零售企业提供过各种各样的人力资源管理服务，其中包括人力资源公开课及内训，人力资源管理顾问和咨询，人力资源管理状况盘点等。

令中国零售业人力资源研究中心欣慰的是，过去两年的人力资源蓝皮书受到了业内众多企业的关心和关注，他们表示，蓝皮书给他们最大的帮助是了解了行业人力资源管理状况。通过对比，知道了自己企业在行业人力资源管理上所处的位置，为企业下一步人力资源管理水平的提升找到了前进方向。

在本年度蓝皮书发布之际，中国零售业人力资源研究中心特别感谢零售同行们的支持和帮助，感谢提供数据的相关企业和机构，感谢中国商业联合会专家工作委员会的悉心指导和指正。

愿年度中国零售业人力资源蓝皮书越办越好，成为中国零售企业人力资源管理的良师益友。

结论一

2012 年中国零售业的发展速度变缓，零售百强的年均增长速度为 10%出头，是过去 10 年中最低的一年，但中小零售企业的年增长速度却普遍高于 10%。

由于大的经济环境不好，加上消费者消费意愿下滑及企业开始关注单店效益的提升而非更多开店等因素，中国零售业 2012 年的日子并不好过。有关统计数字表明，去年中国零售业的年增长率仅 10% 出头，是 10 年来最低的一年，但中小零售企业的年增长速度却普遍高于 10%。

零售企业销售额增幅普遍放缓除上述原因外，企业普遍面临的招聘难，人才储备不够，人员综合素质无法短期内提升则是另一深层次的原因。

关于零售企业的盈利能力，2012 年超市及百货业的综合毛利率表现仍然不佳，中小超市企业平均毛利率约为 14%～16%，百强企业略高于这个数字，百货企业的综合毛利率也仅为 16%～18%。

因此，业内人士及不少零售专家都认为，中国零售业已进入一个"微利"或"微增长"时代。为此，中国零售业需要做好足够的思想准备，各企业需要加大创新力度，研究更多的商业模式及管理方法。同时，要实现上述目标，各零售企业要更加关注人才培养的问题，道理很简单，没有好的人才做依托，再好的愿望，再好的商业模式都难以真正落地实现。

令人稍微宽慰的是，在芸芸众生的零售业，还有一批默默耕耘，一直坚守自己独特经营发展模式的企业，这些企业不但销售额稳定，毛利率较高，更重要的是，他们拥有一批支撑企业健康稳定发展的员工团队。

结论二

零售企业年人均流失率继续高位徘徊，约为 30%～40%，但一些知名零售企业的低流失率成为重要看点。

在过去的一年里，零售企业年均人员流失率仍然在高位徘徊，约为 30%～40%，既在一年的时间里，企业全部在编员工中有 30%～40%的人最终选择离开企业，这还不包括流失率更高的厂家促销人员。

根据对离职人员的层级分析发现，一线员工，特别是理货员占了全部离职人员的65%～80%，也就是说，零售企业离职人员中主要是基层员工；中级人员占比约为10%～12%，高级人员为3%～5%。

在对离职人员的进一步分析后发现，新入职人员，特别是入职时间在3～6个月的新人，离职率很高，约占企业年总离职人员人数的60%～70%。这么高的新人离职率在一定程度上说明，零售企业在新人入职管理上还存在许多问题。

关于员工离职的主要原因，有关调查发现以下几个因素值得关注：企业管理相对粗放，特别是入职后的新人管理；工作环境不好，工作量较大；工作时间长，休息日少；薪酬及福利待遇相对较低；职业发展生涯不清，对未来信心不足等。

结论三

招聘难，平均缺岗率在5%～15%之间。

与许多行业一样，零售企业招聘难已成为一个老生常谈的话题。许多企业人力资源部称，人员招聘占用了他们大量工作时间，但实际招聘成效却不能令人满意。

部分人力资源部门招聘主管们认为在招聘中面临的问题，一是适合企业的候选人偏少，其次，面试通知后实际到场参加面试的人数占比较低，有些企业甚至不到一半。因此，许多企业在人员流失后，不能在规定的时间内将缺岗的人员招聘到位，这种情况在中高级管理人员中更为突出。根据不完全统计，基层员工平均缺岗率为5%～15%，中高层平均缺岗率为 10%～20%。

面对招聘难的这一局面，许多零售企业实际上还面临另一个隐形的缺人挑战，既虽然有些岗位人员还在，但人岗不匹配，在岗人员不能满足岗位职责的要求，我们将这种情况称为隐形缺岗。根据对众多企业的调研，这种情况所占的比例很高，约为 25%～35%。

关于人员招聘，值得一谈的是大专院校毕业生的招聘。虽然不少企业看好高校毕业生，甚至采取校企联合人才培养和校园招聘，但不少中小企业在高校毕业生的招聘上还是持谨慎态度，原因是，虽然高校毕业生综合素质较好，但他们对企业的要求也高，企业管理有难度，新员工流失率也较大，在一些企业，高校毕业生两年内的流失率能高达 60%～70%。

常言道，几家欢喜几家愁，面对招聘难这一难解课题，三四线城市的零售企业这几年开始发现他们在中高级管理人员的招聘上比过去容易了。为什么呢？原来，由于各项生活成本的不断上扬及背井离乡等原因，许多生活、工作在一二线城市，并已成长为企业业务骨干的零售人才开始大举返乡，这些人员开始发现，他们家乡零售企业的薪酬水平开始增加，这不但满足了他们工作上的需求，更能满足他们就近生活的需要，是件一举两得的事情。

结论四

工资继续增长，但涨幅有所下降，零售企业人工成本占比告别 5%时代。

从 2010 年开始，零售企业就拉开了大幅涨薪的序幕。有关调研表明，涨幅最为明显的是2011年和2012年，平均涨幅约为10%～15%，许多企业三年累计涨幅达到40%～50%，有些企业甚至更高。

零售企业的涨薪潮不仅影响了一二线城市，也带动了三四线城市。值得关注的是，经过这轮涨薪，三四线城市零售企业一线员工的薪酬水平开始接近一二线城市。到目前为止，除个别城市和地区外，零售企业一线员工的月工资总额（含绩效工资）均在1000元以上，大部分在1200元～1800元之间。这种情况说明，一二线城市零售企业一线员工的薪酬并不比三四线城市一线员工有竞争力，特别是当考虑他们所生活的城市的整体物价水平较高，买房压力较大这些因素的时候。

对于零售企业2013年可能的涨薪幅度，大部分企业的回答还是要涨，但涨幅可能会低于往年，估计在10%以下。对此，相关的零售专家认为合乎情理，毕竟前几年的大幅涨薪是对行业原来普遍低薪的一个补偿，同时，企业目前的实际经营能力也不能承受连续不断的薪酬增长。

由于近几年的薪酬上涨，零售企业的人工成本占比也不断攀升。据不完全统计，80%以上的受访企业，特别是超市企业称，2012年他们的年度人工成本占比超过5%，还有37%的企业表示，他们的人工成本占比超过6%，个别企业的人工成本甚至超过7%。

零售企业人工成本占比普遍超过5%是一个重要信号。众所周知，零售业是一个微利行业，在平均综合毛利率只有15%～16%的情况下，人工成本每上升一个点，企业净利润率就下滑一个点，这对平均税后净收益率只有1%～2%的连锁超市业态无疑是一个重大挑战。同时，人工成本的不断上扬对平均税后净收益率也只有2%～4%的百货业也是一个重大压力（因为竞争的日益加剧，百货业目前的平均毛利率已下滑到16%～18%）。

结论五

零售企业日益关注“人均劳效”和“平均米效”两项经营指标，行业人均劳效均值为2万元～3万元/月，平均米效为1.6万元～2万元/年。

在过去的若干年里，零售企业关注更多的是销售额和毛利额，至于这些销售额是由多少人创造的，在多大经营面积上产生的并没有引起企业的特别关注。然而，随着企业人工成本的不断增长及商业房租的不断上调，单靠销售额本身的增长已不能有效解决上述两项费用的增加。

因此，如何有效提升人均劳效，如何有效使用日益“昂贵”的商场开始成为众多零售企业追逐的目标。有关调查表明，人均劳效的高低与企业所在城市的大小及企业经营能力高低有密切的关系。2012年，在一二线城市，平均月人均劳效约为3万元～5万元（不包含厂家促销人员），而在三四线城市（除部分发达的沿海城市），平均月人均劳效大多为1万元～2万元。

关于平均米效，即每平方米经营面积上产生的销售额，也与企业所在的城市规模及城市的发达程度有关。在一二线城市，年平均米效约为1.7万元～2.3万元，在三四线城市，年平均米效约为1.1万元～1.5万元。因此，我们相信，在未来若干年里，将会有越来越多的零售企业开始在上述两项指标上下功夫，这也在一定程度上符合中央的科学发展观及改变经济发展模式的理念。

结论六

关注人才梯队建设，企业培训费占含税销售额比平均在0.1%~0.3%。

随着市场竞争的日益激烈，特别是人才招聘及培养难度的增加，零售企业在人才培养上不但观念已有改变，企业舍得在培训方面投入是一个发展趋势。

相信以下几种现象业内人士一定不会陌生：越来越多的零售企业愿意派出中高级管理人员参加外部培训课程，其中包括到知名大专院校参加EMBA及总裁班课程；越来越多的零售企业接受外部咨询培训机构到企业内部提供专项咨询和顾问服务；不少企业通过培训班等各种机会结识业内新朋友，特别是那些企业做得不错的朋友，企业之间互相学习及参观访问成为这几年的一大风景。

据统计，从前几年开始，零售企业平均每年花在人才培养方面的费用占含税销售额的0.1%~0.4%，对有些企业来说，个别年份费用甚至高达0.5%~1%。

如何解释这种现象？很明显，虽然大多数零售企业很“差钱”，零售这个行业也是一个“薄利”行业，但行业竞争的不断加剧及淘汰速度的不断加快，迫使更多的零售企业奋起自救。对此，业内一位企业家这样形容他外出学习的内心想法，“学习都难保证自己不被淘汰，不学习、不创新被淘汰则是必然”。

结论七

企业自办“商学院”或“发展学院”蔚然成风，企业人才培养开始制度化、体系化，中小企业自办商学院的比例约为 10%～15%，零售百强则高达 75%以上。

事实上，早在 10 年前，有些零售企业就开始自办商学院或发展学院，如苏宁云商的企业大学或北京物美集团的发展学院，但中小企业也开始自办商学院，却只是近几年的事情。由于中国的高等商科学校尚不能有效提供零售企业需要的实用人才，因此企业自己进行人才培养既是一个有效的补充办法，也是一个无奈之举。

据调查了解，零售企业自办商学院虽然解决了企业人才培养中的一些问题，但面临的如下几个问题还需要企业花大力气去解决：如何批量培养综合素质高、学员喜欢的内训师？如何开发适合企业自身特点的、成体系化系统的培训课程？如何建设供学员实践的门店示范基地等。

令人欣慰的是，一些知名零售企业已经在上述几个方面取得了可供参考的经验，同时，业内一些知名培训机构也能够提供企业商学院建设的专项咨询服务。相信在不久的将来，将会有更多的零售企业能够通过自己的商学院培养造就企业所需的人才。

结论八

60%以上的零售企业在管理中实施绩效考核，但员工对考核的整体满意度不高，企业对考核的认识度不够及驾驭能力偏低是主要原因。

调查发现，大多数零售企业都在管理中实施了绩效考核，还没有实施考核的企业也都对考核寄予很高的期望。然而，令许多人不解的是，员工对绩效考核满意的企业不多，大约只有15%左右。但一个特别现象值得我们关注，在那些企业文化建设较好或业绩优良的企业，员工对绩效考核的满意度则相对较高。

是什么原因导致大部分企业绩效考核不受员工“青睐”呢？归纳起来有以下几点：预算编制不准，忽高忽低；考核指标不精准，可操作性不强，特别是二线职能部门的考核指标；对考核过程把控不严；考核结果罚大于奖；考核关注的主要目标集中在销售和毛利，没有其他机会让更多部门或员工“出人头地”，得到奖励；考核的主导部门如人力资源部领导力及权威度不够等。

其实，零售企业绩效考核满意度不高的更深层次原因首先在于企业没有把考核看作是一项系统工程，想走捷径，仅把考核当作奖优罚懒或奖金分配的管理手段；其次，在于企业对绩效考核寄予了不切实际的过高期望，以为绩效考核是“万能”的，各种问题一考就“灵”，这样的想法及可能产生的后果也就不难想象了。

面对考核的此种“尴尬”局面，不少企业开始反思并有所行动。除了像中国零售业人力资源研究中心提供成熟的绩效考核辅导外，一些企业对考核观念的创新及操盘手法的改变也确实取得了较好的效果。如一些知名企业将考核仅与中高级管理人员的工作挂钩，更多的企业在考核结果的兑现上采取做“加法”的方式，既考核结果的好坏不影响员工的正常工资，企业在员工工资之外单独拿出一笔资金进行考核兑现。

结论九

企业文化建设的重要性比以往任何时候都更加凸显，知名企业的成功实践似乎都支持这一点。

在中国股市有这样一句令人印象深刻的话："只有在大潮退去时，才能看到谁在裸泳。"这句话的背后潜台词是：在年景较好或顺风顺水的时候，所有的企业都可能表现较好，然而，当光景不好时，只有那些内功较深、底蕴较厚的企业才能够"临危不惧"，继续稳步发展。

然而，什么是企业的内功和底蕴？是企业的知名度、品牌、规模？好像是，但又好像不是。因为在中国零售业开始碰到诸多不顺的这几年，一些规模并不太大，管理也不那么"西化"的中资企业（它们中的佼佼者包括河南的胖东来，河北的黄骅信誉楼等），它们的销售、毛利依然稳定，它们的人员流失率低的令人吃惊，它们的企业常常成为同行们参观的重点。

此外，那些参观过这些企业的人们谈论最多的是这些企业具有良好的企业文化，企业的管理制度深受员工们的欢迎，企业的服务理念也被其服务对象广为夸赞。因此，中国零售业现在特别需要静下心来，好好研究一下，除了那些厚厚的西方管理理论外，企业文化这些软实力是否更能支撑中国零售业应对未来的挑战！

结论十

人力资源部的管理能力明显提高，在公司中的地位有所提升，更多高学历的人才进入人资系统。

众所周知，劳动密集型行业特点明显，人力资源部在许多零售企业地位并不高，管理能力也不强。然而，这种局面现正在一步步改变。由于招聘难度的增加及人工成本的不断攀升，零售企业纷纷开始加大对人力资源部的建设。具体表现为：在编制上给予特别的“照顾”，宁多不少；引进高学历的人才；选派公司得力的高管主抓人资工作；对人资人员的培训给予足够的资金支持等。

事实确实如此，在中国零售业人力资源研究中心所做过的项目及所调研过的企业中，我们欣喜地看到许多人资部正在经历一个从不专业到专业，从不自信到自信的过程。我们真诚地希望这一过程能继续下去，希望人力资源部能帮助企业克服困难，迎接挑战。

结论十一

人力资源部的“四化建设”至关重要，只有这样，人资部门才能赢得必要的权威和相关部门的信任。

虽然许多企业的人力资源部开始赢得企业高层的关注及多方面的支持，但要想再上一层楼，真正靠自己的实力获得人们的尊重，还要下大工夫进行自身的“四化建设”。

所谓“四化建设”就是：人资部思考问题要有高度，要有战略化思维的能力，只有这样，才能成为企业高层的战略合作伙伴；人资部要懂零售业务，要使自己成为一个懂零售的人资人员，这样才能让一线部门信赖自己；人资人员不但要懂人资的基本理论和实践，更要有研究新问题和新方法的创新能力，只有这样才能应对日益复杂的人资挑战；最后一点，也是很重要的一点，人资人员要能用数据说话，用报表说话，像营采人员那样用看得见、摸得着的业绩说话。

有专家预测，中国零售企业未来竞争的主要点是企业人力资源管理能力的竞争和 IT 信息技术使用能力的竞争。从目前中国零售业面临的高房租、高人工成本及高能源的“三高”局面来看，企业要想成功胜出，上述专家的预测不无道理。

结论十二

中国零售业人力资源管理面临的问题不但多，而且挑战极大，行业呼唤人资问题的研究要精细化、系统化，零售业事实上已经迎来人力资源品类化管理时代。

品类管理就是精细化管理，就是将研究的问题细分到每一个小课题，在商品管理中，就是研究到每一个单品。中国零售业人力资源管理总体来说还非常粗放，相关的研究还处于初级阶段，但这种情况目前已经开始有所改观。根据相关调查，零售企业及零售咨询培训机构对零售人资的研究已开始从一般的招聘，薪酬及绩效考核过渡到对许多特别群体或课题的研究，如“如何管理 80、90 后员工”、“如何有效规划 45 岁以上资深员工或管理者的职业生涯”、“如何使用性格色彩学打造职业化团队”、“零售企业如何进行科学合理的定岗定编”、“人资经理必读必看的 10 报表”、“零售企业如何进行人力资源大盘点”、“零售企业如何有效打造企业文化软实力”、“零售企业如何有效提升人均劳效和平均米效”等。

毫无疑问，零售业人力资源管理走得越深、越细，零售企业的收益就越大，企业未来的市场竞争力就越强。

续表

公司由小到大要过哪些坎 卢强　著	能长大的企业是有规律可循的，会依次经历试错、突围和转型3个阶段，让企业看清位置，并对接下来的路有所了解	成为优秀的快消品区域经理 伯建新　著	掌控市场＋内部管理＋常见误区＋工具箱＋自我提升，37个"怎么办"全面系统分析区域经理的工作关键点
华夏基石方法：企业文化落地本土实践 王祥伍　谭俊峰　著	作者10年积累、原创方法、一线资料，毫无保留奉献，是企业文化落地真正有洞察力和实操价值的一本书	跳出同质思维，从跟随到领先 郭剑　著	有效的思维框架和工具、66个企业案例深度剖析，帮助企业突破行业长期思维惯性，发现大片蓝海
传统行业如何用网络拿订单 张进　著	国内第1部针对中小企业的网络实战指导图书，作者以自己10多年的网络营销经验和研究积累为基础，为你带来最具实战性的建议	用流程解放管理者 张国祥　著	国内第1部针对企业的流程管理实战图书！实现流程管理从无到有、从有到全

书名及作者	内容简介
中层领导力 【韩】崔秉权等著	帮助中层管理者认清自身管理上的不足，快速提升领导力，更好地激发团队工作热情，实现下属、自身、企业的多赢
使命　驱动企业成长 高可为　著	企业的兴衰成败可以用一套经营逻辑和管理逻辑来解释，这套逻辑的起点和实践就是使命。这是中国第一部系统探讨企业使命的书
总部有多强大，门店就能走多远 IBMG国际商业管理集团　著	像沃尔玛、家乐福一样，掌控千家门店，成就零售帝国
高员工流失率下的精益生产 余伟辉　主编	本书是国内第一部融汇西方先进管理模式，结合中国本土社情和企业实际，综合介绍精益管理推行过程中如何应对和改善员工流失的里程碑式专著
采纳方法：破解本土营销8大难题 朱玉童　著	新观点、新思维、实践案例，系统全面归纳总结、提供切实方法，各个击破解决营销难题
采纳方法：化解渠道冲突 朱玉童　著	立体介绍渠道冲突的现象、原因、解决方法及渠道管理的观点、工具、非常具有实战性。形式上创新、情景化，带给读者阅读的愉快感

续表

书名及作者	内容简介
联纵智达营销真案例 联纵智达研究院　著	本书精选和系统阐述了5个专经营销咨询16年的联纵智达公司的真实营销案例
用数字解放营销人 黄润霖　著	从营销中的各个问题出发，教会读者如何运用“营销的数字技术”，并能够运用公式和真实可见的数据赢得市场和管理团队
麻烦就是需求，难题就是商机 卢根鑫　著	通过从顾客身上不断发掘顾客真正强烈的价值需求，选择合适的产品载体，帮你挖掘出市场真实需要的商机
本土化人力资源管理8大思维 周剑　著	立足中国本土实践，针对民营中小企业的独特的人力资源问题提出了一个系统、实用的新理论，从实际出发，帮助中小企业重新认识和解决企业中人的问题
用流程解放管理者2 中小企业规范化管理 张国祥　著	规范化管理不再是大企业的专利。张国祥老师将企业规范化管理的各个方面系统地讲述出来，为中小企业的规范化管理指明方向，值得广大中小企业借鉴
阿米巴经营的中国模式 李志华　著	阿米巴经营理论来自于管理学泰斗稻盛和夫，本书将该理论进行了中国本土化的发散和拓展，形成一套专业完整的体系，具有很强的工具性及学术、实战价值
集团化人力资源管理实践 李小勇　著	系统性阐述了集团化人力资源管理方面的内容，适合集团企业的人力资源专业人员阅读学习
老板、经理人双赢之道 陈明　著	从企业家和经理人尤其是“空降经理人”共生的角度出发，发现问题、化解矛盾，让沟通变得简单、透明，让双方实现共赢
走出薪酬管理误区 全怀周　著	本书梳理了薪酬体系构建中常见的8个误区，针对这8个误区，分别给出分析和解决方法
企业文化的逻辑 王祥伍　著	从这部书里，可以透彻了解文化、了解企业文化的根源，同时又不是高深和脱离实际的学术观点，读者会从中获得知识、得到点拨，或是感叹原来如此
快消品营销与渠道管理 谭长春　著	本书立足快消品行业，帮助老板、营销总监、区域经理等各层管理者解决自己日常涉及的员工管理和渠道管理事务
招招见销量的营销常识 刘文新　著	全面解开你的销量之谜，读完本书，你的每一个营销动作都可以提高销量、降低成本
回归本源看绩效 孙波　著	企业对于绩效管理的应用可能进入了神秘化和技术化的误区，本书回归绩效管理的概念和本质，梳理绩效与企业经营的关系
企业文化激活沟通 宋杼宸　安琪　著	企业文化对于组织沟通状况的影响是根本性的。本书系统阐述沟通与企业文化的关系，帮助企业构建提升沟通效能的企业文化解决方案
华夏基石方法：人才评价中心（超级漫画版） 邢雷 朱军梅 郑雪琴 张小斐著	国内第一本用漫画形式书写的人才测评专业书籍
博瑞森行业丛书	
书名及作者	**内容简介**
白酒营销的第一本书 唐江华　著	国内第1部白酒营销实战指导图书，帮你打开白酒营销大门

续表

白酒经销商的第一本书 唐江华　著	第1部写给白酒经销商的实战全指导，为你答疑解惑
食用油营销第1书 余盛　著	从食用油的概况入手，小包装食用油的营销常识、品牌战略、营销方法，以及细分品类分类营销手段
乳业营销第1书 侯军伟　著	乳业营销的第1本书！从区域性乳品企业的实际情况出发，捕捉到他们最大的特点和现实中存在的关键问题，梳理出一条清晰的脉络，并提出了明确的解决方法
新医改下的医药营销与团队管理 史立臣　著	本书立足最新医改政策的解读，提供丰富的本土企业实践案例，为民营企业指明方向，提供变革之路，以及具体的方法措施
农资营销实战全指导 张博　著	农资营销实战的第1本书！如何找到提高销售效率和服务价值的营销模式是整个农资行业的重要命题，而本书就为您提供了完美答案
精品银行管理之道 崔海鹏　何屹　主编	本书提出打造精品银行是中小银行发展的战略选择，并从产品、业务、经营、客户、风险、团队等多个角度入手，全面又贴合实际地为读者提供行之有效的方法
建材家居营销实务：新环境、新战法 程绍珊　杨鸿贵　主编	站在营销模式创新的角度，为行业、企业营销开辟了一条新道路，并提供了具体的操作方法与参考案例供读者切实学习使用
农产品营销实战第一书 胡浪球　著	农产品实战营销的第1书！立足本土，33个核心问题配合生动案例，农产品营销盈利不再难
医药营销与处方药学术推广 马宝琳　著	作者用平时的语言、轻松的笔触、原创的模型和亲身操作的成功案例，为大家讲述处方药医学策划如何让"平民产品"变成"明星产品"
新医改了，药店就要这样开 尚锋　著	中小型药店如何确定未来方向？如何立足于自身现有优势，分析或挖掘市场生态和需求？如何在竞争激烈的市场谋求突破和实现稳步增长？本书给你答案
零售：把客流变成购买力 丁昀　著	本书立足于本土实践，从整个行业的角度出发，分析业态特点，提出行业转型升级之道，并辅以大量实际案例，分析具体方法。零售行业必看的一本书

待出版，敬请关注

书名及作者	内容简介
首轮胜出后，企业如何二次突围 苗兆光　著	本书定位于中间型企业，这类企业面临企业成长瓶颈，需要可持续发展的动力，本书从企业战略、管理、组织、产品等方面逐个击破，通过实战案例解答困惑，给予读者切实的帮助
商业模式与品牌营销 杨旭　林子力　主编	需求为本，梳理产业价值链上的各方需求，找到一种能够满足各方需求的盈利模式，从而提升公司的地位和价值
突破成长的陷阱 夏惊鸣　著	本书是对企业发展中的一个具体阶段的思考，即从机会主义转向战略成长过程中的经营和管理问题的梳理
从白酒经销商到品牌运营商 付文利　著	扎根行业特色，对白酒经销商如何拓展市场、规范自己的管理体系，给出了一个系统、专业的框架
中国茶营销第1书 柏龑　著	本书扎根行业，各个击破，在茶叶营销独具特色的各个方面深入浅出的为读者提供具体方法

博瑞森管理丛书
征稿启事

当中国和中国企业崛起成为全球共识，本土管理咨询、管理研究与创新正随之兴起。

谁是中国企业最信任、最渴求的管理专家？

何种管理思想、方法更适合当下中国企业？

博瑞森图书联合国内诸多管理专家、专业媒体、出版社向本土管理咨询师、企业管理者、管理研究者征稿！希望通过“博瑞森图书”这一本土管理图书的出版平台，为广大管理专家提供研究、创新成果展示机会，让更多有利于中国企业崛起的好思想、好方法迸发出来，为企业助力，为中国加油！

无论您目前是否已有待出版的内容，只要您认为自己的思想符合我们的出版方向、标准，请您与我们联系，将您的个人简介、或博客链接、或文章等相关个人资料发送到：bookgood@126.com. 我们将会协助您策划图书选题方向、整理内容资料、制定写作计划，并按照商业化出版模式出版、发行、推广您的作品。我们在为读者寻找好内容、出版好书，所以**特别说明：此活动绝非“自费出书”，不向作者收取任何成本、费用。**

其他联系方式：010－84645015 qq：1963328416

博瑞森图书已出版图书示例：《让管理回归简单》、《让经营回归简单》、《让用人回归简单》、《中层领导力》、《涨价也能买到翻》、《用流程解放管理者》、《边干边学做老板》、《卖轮子》（获 2010 年和讯年度图书奖）、《交易心理分析》（获 2011 年度上海“第一财经日报”投资图书奖）。